スピード経理で会社が儲かる

たった1年で
利益が1億円
アップする
生産性革命

前田康二郎
Kojiro Maeda

ダイヤモンド社

はじめに

たった1年で営業利益1億円アップ！「スピード経理」6つのメリット

「数字を速く出す」、これだけで必ず黒字化します！

この本は、経理のスピードアップによって、会社の「生産性」と「利益」を上げ続ける方法をまとめたものです。

「経理のスピードアップが、なぜ利益アップに結びつくのか？」

「経理なんて、数字を計算するだけの部署でしょ？」

こう思われた方も多いはずです。

しかし断言します。経理のスピードアップこそ、利益改善の特効薬なのです。**「会社の数字を速く出す」**。これだけですべてが変わります。

みなさまの疑問を解消するために、「私がこれまでやってきたこと」、そして、「1年で1億円の利益改善に成功した事例」をお話しします。

現在私は「フリーランスの経理」として活動しています。「月曜日はA社、火曜日の午前はB社、午後からはC社」というように、それぞれの会社に出社し、経理を通した組織改善の提案を行っています。

その活動を通して気になることがありました。それは「スピード」です。

黒字会社、急成長会社は「経理が速い」

会社員時代、私は**急成長企業や、上場準備中の企業の経理部で主に働いてきたのですが、そこで求められたのは「スピード」でした。**

急成長している会社では、売上高の伸びが急すぎて、事務処理をする事務員の採用が追いつかず、膨大な書類の山と日々格闘していました。現場の社員から「お願いします」と自席に置かれる経費精算の束が1メートルを超え、「今日中にチェックを終わらせなければならない」こともしばしばありました。

上場準備会社では、経理業務と並行して上場審査に回答する作業もしていました。審査の大詰めになると、審査機関から「どう考えても1日で回答を作るのは無理だ……」と思われる質問が日々浴びせられました。「24時間以内にお願いします」と言われて、「1問にあてられる時間は……」と考えていると、契約書や帳簿を調べたりしている時間さえないことに気づきます。

黒字会社、急成長会社では、経理などのバックオフィスに「スピード」が必須条件として求められるのです。

一方、赤字会社は「経理が遅い」

その後、会社員からフリーランスに転じて、いろいろな会社のお手伝いをさせていただくうちに、あることに気づきました。

黒字会社の経理は、私と同じような作業スピードや処理方法の考え方なのですが、赤字会社の経理はその反対で、まるでスローモーションのように「遅い」のです。

作業するスピードはもちろん、質問して答えが返ってくる時間も「遅い」。何もかもが遅く感じました。 1社目はたまたまかなと思ったのですが、2社目の赤字会社のときもまったく同じ状況だったのです。そこで初めて、私は「スピード」というものが、会社の利益に影響を及ぼすのではないかと気づきました。

思い返すと、利益が出ている会社は、会社員時代も含めて、やはり何事も「速かった」

のです。社員の書類提出も速い、経理集計も速い、経営判断も速い。それが利益を押し上げている大きな要因の1つではないかと思ったのです。

であれば、今は利益が出ていないような会社でも、すべてのことを**「速く」する習慣がつけば、おのずと利益も改善されるのではないか**と考えました。そこで私は、ある赤字会社（製造業）の経営改善の一環として、それを実践することにしたのです。

なぜ、「営業が静かで、経理が騒がしい」と赤字になるのか？

私が最初にその会社を訪問したとき、営業がとても静かで、反対に経理が騒がしい状況でした。一方で、私が見てきた黒字会社はその反対だったのです。

常に受注がある会社の場合、営業社員は電話対応や同僚の営業社員・在庫管理者とのやりとりで常に口を開き、動きまわっているので、キビキビと「空気が動いている」のです。そして受注が多いということは、それだけ処理しなければならない伝票がたくさんあるわけですから、おのずと経理は作業に集中し、無口になります。大事な指標は、隣と雑談しながらでは計算できません。

なぜ赤字会社の経理社員が「ざわざわ」としていたか。それは、それぞれの作業の締切日が徹底されておらず、各々の社員がマイペースで仕事をしていたためです。お互いに協力する環境が整っておらず、「決められた期限内に月次《げつじ》の数字を出す」ということも徹底されていませんでした。だから、各々が自分の都合や主張を前面に出し、「ざわざわ」していたのです。

そのためまず、**「現預金の締めは○日まで、請求書の処理は○日まで」と、毎月徹底して期限を死守する習慣をつける**ことから始めました。

社内の抵抗勢力「そんなことはできません！」

最初、みなさんは「無理です。なぜなら……」と、できない理由ばかりを口にしていましたが、それらを1つひとつ潰していきました。

例えば「現場の○○さんがその日までに請求書や領収書を提出してくれない」と言えば、その人のところに私も一緒についていって、期限内の書類提出をお願いしました。「取引先の理由で無理です」ということでなければ、あとは「経理社員の能力次第」になります。誰でもプライドはありますから、期限内に必死に作業をするようになりました。

その結果、「私はここをやるから、あなたは私の資料をチェックしてくれない？」という経理部内の会話が増え、期限内にどうやったら全員が作業を終えられるかを考え、お互い協力するようになりました。雑談などしている暇はないので、おのずと無口になります。経理のスピードも徐々に上がっていきました。

月次決算の早期化！　すべてがうまくまわり出した

一方、経理部が決められた期限内に月次の数字を出せるようになるにつれて、社長をはじめ経営陣にも心の余裕が出てきます。

それまでは「一体いつ月次決算の数字が出てくるのか」と気がかりで仕方がなかったのが、決められた日に出てくるようになるわけですから当然のことです。**経営陣も素早い経営判断が徐々にできるようになります。結果、現場に対するフィードバックも徐々に速くなっていきました。**

すると現場も「経理部が必死で作業をすることで数字が速く出るようになった」と認識します。かつては、現場から経理に数字のことを聞いても「わからない」「自分が担当ではない」の一点張りだったのですが、すぐに分析資料が出てくるようになったのです。当然、現場もやる気が出てきますし、行動も起こしやすくなりました。

人というのは、根拠となる数字がないと行動に移しにくく、数字があると、安心して行動に移しやすいのです。

役員、社員に必要な「数字」を速く提示できれば、各々の行動も他社より速くなります。おのずと競争に勝てる確率も高くなり、受注も伸びていくのです。

コスト管理にも大きな影響がありました。それまではタイムリーに数字が出なかったので、原材料の過剰調達や製造作業の遅延などがあっても、責任がうやむやになり、対応も手遅れになっていました。

ところが、すぐ数字が出ることによって、「なぜ過剰に調達してしまったのか」「どの工程で作業が遅延して人件費がかかったのか」「今後どうすればいいのか」がタイムリーに議論され、改善されていったのです。

たった1年で1億円の利益改善！

これらの改善の結果、月次決算ごとに「売上は増え、コストが減る」ようになりました。

それまでは月次決算を翌月25日以降で締めていたのですが、私が入った半年後の10月には翌月8営業日で締まるようになりました。さらに半年が経過し、3月決算の数字はどうなったか。なんと5000万円の営業赤字から5000万円の営業黒字へと、反転して黒字化したのです。**わずか1年で、1億円の利益改善**に成功しました。

これには私もその会社の社長も大変驚きました。

「経理なんてカネにならない」はやはり嘘だったのだ。

経理をベースに全体を改善すると、会社と会社の数字は変わるのだ。

私自身、改めて経理の可能性を確信した出来事でした。

利益を生む好転スパイラルとは？

なぜ、経理から発信する業務改善が実際の「数字」に結びついたのか。

言うまでもなく、その答えは「スピード」です。

スピード経理、つまり会社の数字を速く集計することによって、「会社の数字を速く集計し、経営者に伝える↓経営判断が速くなる↓同業他社より1分1秒でも速く動ける↓売上（利益）がアップする↓経営者、経理部門、現場のモチベーションがアップする↓より速く会社の数字が集計される」というサイクルが高速で回転したわけです。

図1　経理のスピードアップが生む好転スパイラル

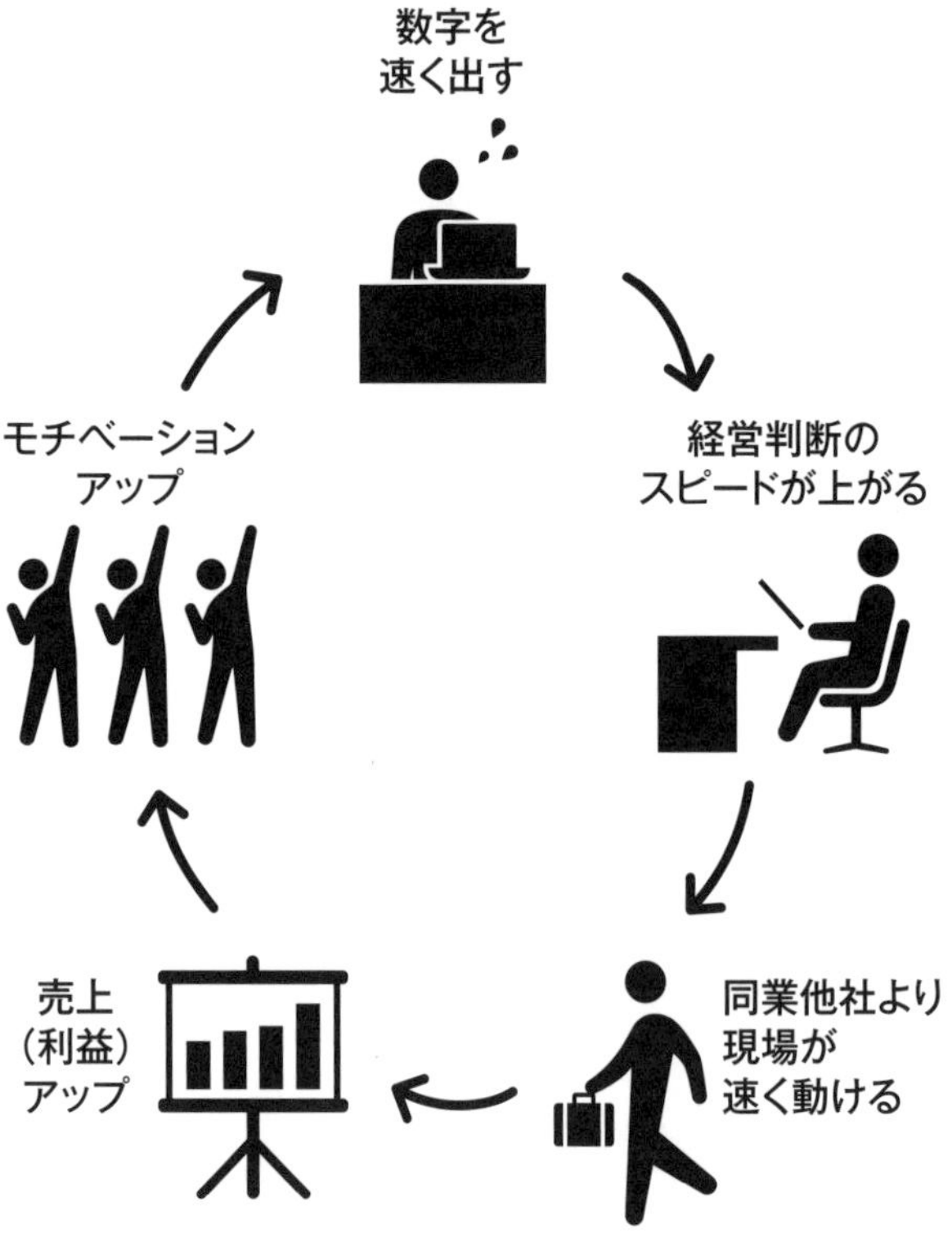

経理のスピードアップ＝スピード経営の実践

図2　スピード経理のメリット①

まだある！　スピード経理の6つのメリット

スピード経理は会社を「儲け体質」に変える力もあります。具体的には次の6点です。

1．会社全体が締まる

会社の数字を形成する作業、例えば売上請求書や支払請求書、経費精算などを毎月同じ期日で締める。加えて、社長もアルバイトも関係なく、平等に同じ作業を行うことによって、会社全体の規律も締まります。

これができない会社は、小さな穴から空気が抜けるように、知らず知らずのうちにお金も流れ出ていきます。

図3　スピード経理のメリット②

社員1人ひとりの
金銭感覚、交渉能力が向上する

2. 社員1人ひとりの金銭感覚、交渉能力が向上する

社員1人ひとりが「なぜ経理処理が大切なのか」を理解すれば、どの費用は節約して、どの費用は売上のために使うべきか、また、どうすれば受注単価を上げられるか、発注単価を下げられるかなど、それぞれが自分の頭で考えて行動できるようになります。

3. 組織の透明化が図れる

スピード経理に必須な要素は「全員が平等」だということ。「社長だから、特別に期日を過ぎても経費精算を待ちます」とか、「トップセールスマンだから、事務作業は何もしなくてよいです」ということを認めてはいけません。組織に対する不満は「不平等」

図4　スピード経理のメリット③

組織の透明化が図れる

から生まれます。

また、経費精算や請求書などは、社長やトップセールスマンが一番処理する枚数が多いものです。その人たちでさえ期日を守っているのだから、当然他の人たちもできますよねと、スピードアップを促すことができます。

4. 組織が属人的な能力に頼らないようになる

現場や経理にかかわらず、日本の組織というのは、個々の役割が完全に分断されていません。

融通が利くというメリットはありますが、反面、できる人にばかり仕事が集中していく傾向があります。

経理をスピードアップするという名目で、

図5　スピード経理のメリット④

組織が属人的な能力に
頼らないようになる

各社員にも、それなりの知識や期日厳守などの良識・常識を備えてもらうのです。できる人の負担を軽減し、依存ばかりしていた社員の自立を促しましょう。できる人がよりよい環境で仕事に取り組めれば、より利益を生む体制にすることができます。

5. 経理部に「経営者や現場への提案能力」が備わる

経理部内の改善をしただけでは、限定的な時間しか短縮できません。当然現場や取引先に対しても、データ算出や資料提出を速めてもらう必要もあります。

協力してもらうには、まず相手の業務を理解し、「どこなら協力してもらうことが可能か」を自分なりに分析、勉強する必要があり

図6　スピード経理のメリット⑤

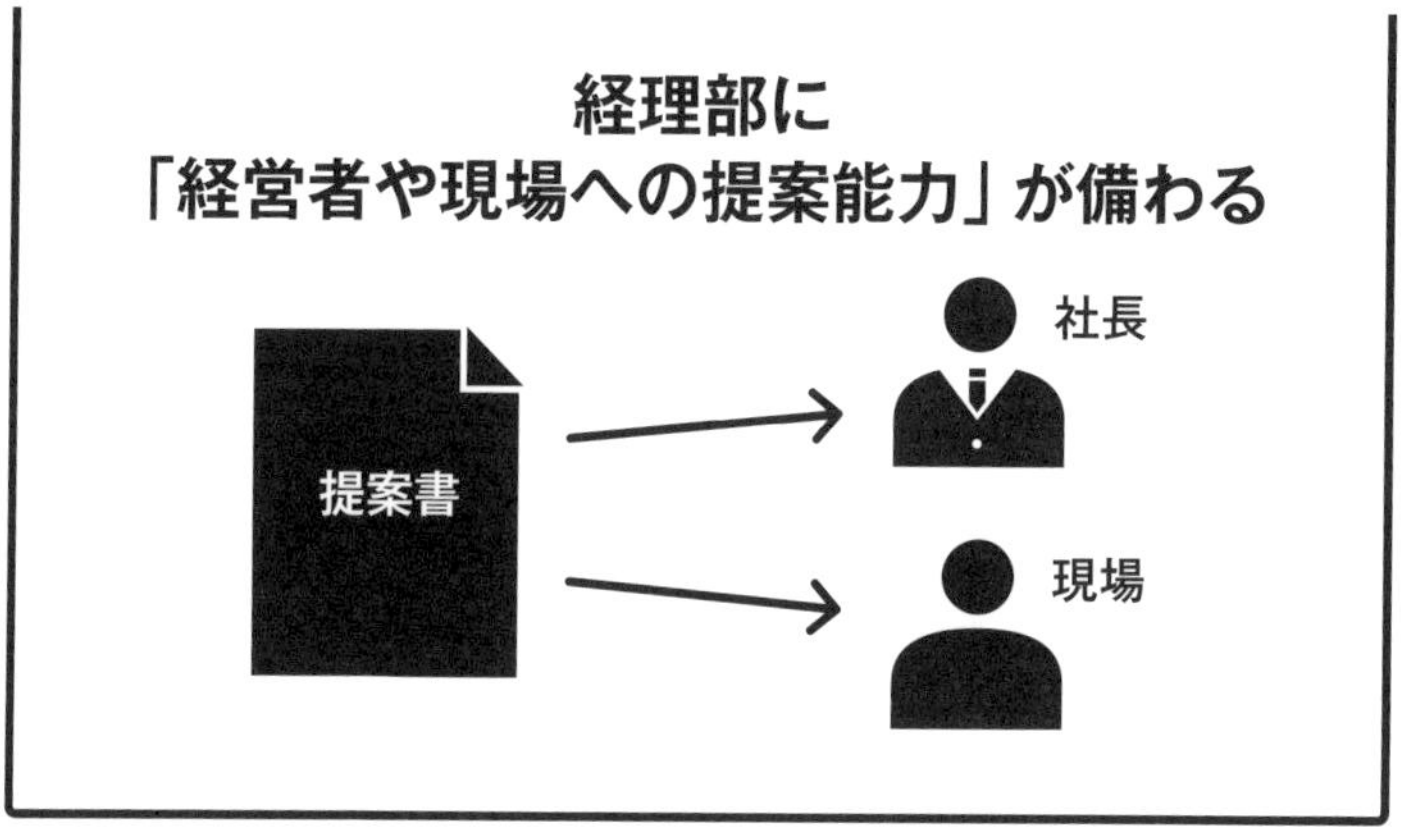

ます。そうすることで初めて、相手も耳を傾けてくれるものです。

これまで経理は「受け身の部署」という印象を持たれがちでした。しかし、スピード改善のための提案、プレゼンテーションを繰り返せば、受け身ではなく、「利益改善を提案する部署」に生まれ変わります。

6．悪い情報がすぐ届き、改善策が打てる

組織における最悪の状況の1つが、社員が悪い情報を隠している、あるいは報告が遅れて会社としての対応が後手になるということです。

組織における悪い情報の多くは「損失」に関わってきます。

取引先や一般消費者に補償をしなければな

図7 スピード経理のメリット⑥

悪い情報がすぐ届き、改善策が打てる
よし、方針を変えよう

らない、不良品が多くて再発注をしなければならないなど、会社の予算実績管理にも影響を及ぼします。

経理から現場に「予算実績の管理もあるので、悪い数字の情報はすぐ経理に連絡してください」と周知しておけば、現場と経理の距離感も縮まりますし、具体的な対応についても力を合わせることができます。

このように情報管理をすることで、悪い情報をできるだけ早く報告してもらい、損失を最小限に抑えることが可能になります。

ではこれより、経理のスピードアップ、そして会社全体のスピードアップのために考えること、すべきことをお伝えしていきます。

ムダな資料を減らす、ルーティンワークを改善する、経理作業を速くする。「当たり前」を徹底することが、スピード経理への最短ルートです。

先ほどご紹介した会社を含め、多くの会社の組織改善に携わってきましたが、「当たり前」の徹底、そして定着こそが、会社を黒字体質にする唯一の方法なのです。

最新のＩＴ機器や特別な設備を入れる必要など、もちろんありません。**初期投資ゼロで、すぐに実行できることばかり**です。重要なのは「知識として知っているかどうか」のみです。実行可能なことからお試しください。

本書は、「もっと会社を成長させたい」「会社の生産性を上げたい」という経営者の方はもちろん、経理マンとして自分のスキルを向上させたい方にとっても、大きな力になるはずです。

肩の力を抜いて、リラックスして読み進めてください。

目次

はじめに
たった1年で営業利益1億円アップ！「スピード経理」6つのメリット ……… 002

序章 「遅い経理」が会社を赤字にする！

01 「遅い経理」は社長の不安から生まれる ……… 026
02 「社長が安心するためだけの資料」を作っていませんか？ ……… 032
03 資料が多いと、「端数合わせ」に時間をとられる ……… 038
04 経理が遅いと、営業・販促がどんどん後手に！ ……… 042
05 なぜ余計な資料が、経営者と社員を不幸にするのか？ ……… 046
06 経理のスピードを上げる3ステップ ……… 048

第1章 「過去」を捨ててスピードアップ！

07 過去と決別しなければ、スピードアップできない …… 054
08 「ダメ資産」が組織のスピードを落とす …… 056
09 「経理はカネにならない」思考を捨てる …… 060
10 人為的ミスを減らす「魔法のひと言」とは？ …… 062
11 過去の債権債務はすぐ処理する …… 066
12 「過去の勝ちパターン」にすがりつかない …… 072
13 愛着のある商品でさえも捨て去る …… 074

第2章 「資料」を減らしてスピードアップ!

14 資料を減らすと、会社が儲かるメカニズム …… 080
15 資料作成の基本は「増やす」ではなく「絞る」 …… 086
16 資料の上限枚数をあらかじめ決めておく …… 088
17 なぜ、新規の資料には「期限」を設けるべきか …… 092
18 どんな会社にも「誰も見ていない資料」がある理由 …… 096
19 A3資料は会議の質を落としてしまう …… 100
20 「気づき」がある資料は、「ここ」が違う! …… 106
21 「資料がたくさんある=がんばっている」という評価をやめる …… 110

第3章 「ルーティンワーク」を改善してスピードアップ！

22 経理資料の基本は「外見はそこそこ、中身はさすが」……114
23 資料作成時間をあえて制限するメリット……118
24 会議のマンネリを打破する意外な方法とは？……120
25 今すぐ、会議資料の読み上げをやめる……122
26 忙しいときほど、会議資料は事前配布する……124
27 経理と現場で「揉む」習慣をつける……126

第4章 「経理作業」をスピードアップ！

28 エクセルシートを会計データに流し込み効率化！……132
29 アルバイトでも簡単に作れるシンプル資金繰り表……136
30 「入力」だけなら、誰でも1日で即戦力に！……142
31 過去のものは「随時」、未来のものは「ある程度まとめて」……148
32 経理が自動化できない2つの理由とは？……154
33 シングルチェックよりダブルチェック……160
34 1人でも大丈夫！　バーチャルダブルチェック法……162
35 マニュアル作りは、スピードだけではなく「教育」にも効く！……166

第5章

スピード経理を「定着させる」8つのコツ

36 会社の「スピード感」は社長でなく〝経理〟で決まる …… 174
37 「会社の減速」を食い止める2つのアプローチ …… 176
38 計数感覚を鍛えれば、チェックスピードも上がる …… 180
39 〝普通の経理〟と〝できる経理〟はここが違う！ …… 182
40 現場社員に数字の大切さを実感させる方法 …… 186
41 社内の「連携」を深めるたった1つのコツ …… 190
42 「節約」を愛し、「ケチ」を排除する …… 192
43 早めの促しで、「期日」と「数字」を死守する …… 196

第6章

「会社のスピード」を上げる行動習慣

44 「人」と「数字」のひもづけが会社のスピードを上げる …… 200
45 仕事が速い人は「これ」を暗記している …… 204
46 全員のスケジュールを1週間先まで把握しておく「ひと声」運動 …… 208
47 「困った担当者」はスピードアップの宝 …… 210
48 スピードアップのヒントは「仕事が遅い人」にあり …… 214
49 ただ「聞く」だけで、会社が速くなる理由 …… 218
50 会社のスピードを上げるメンタルチェック法 …… 220

おわりに
今、あなたに試してほしいこと …… 222

序章

「遅い経理」が会社を赤字にする!

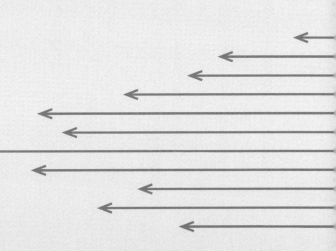

01

「遅い経理」は社長の不安から生まれる

「不安→資料増加→意思決定の遅れ」のスパイラル

本書のテーマは経理のスピードアップですが、具体的な方法論の前に「経理が遅いと、会社が赤字になるメカニズム」「遅い経理が会社に与える悪影響」についてお伝えします。自社の状況を思い浮かべながら、読み進めてください。

もし優秀な経理社員がいても、会議資料が膨大であれば、当然ながら資料作成にも時間がかかります。「経理のスピードアップ」を行うには、資料をある程度「厳選する」必要があります。

しかし、「それでは不安」「数多く資料を持っていたほうが安心」と考える方も多いのではないでしょうか。

ではなぜ、**「不安」「安心感がほしい」という心理に駆《か》られるのでしょうか。**その心理を理解できれば、会議資料がグッと減り、経理作業もスピードアップできるはずです。
例えば次のような会話があったとします。

こんな会話をしていませんか？

上司「ねえ、2月はどうしてA部門はこんなに数字悪かったの？」
部下「えっと……少々お待ちください。あ、2月は日数が少なかったので……」
上司「いや、そうじゃなくて、前年対比でも悪くなっているじゃない」
部下「あ……」
上司「わからないんだったら、次回から説明できるような資料を準備しておいて」
部下「はい……」
これで余計な資料のできあがりです。立場の弱い部下が会話上で受け身に回ってしまうと、資料は確実に増える傾向にあります。そして次月を迎えます。
上司「ねえ、月次の資料まだ？」
部下「はい、まだ……」

上司「先月の今頃には、もうできてたじゃない」
部下「でも今月は、先月おっしゃっていた追加資料も作っているものですから」
上司「大丈夫？　会議までに間に合わないよ」
部下「はい。明日まではなんとか」

そして翌日。
部下「できました」
上司「ありがとう。あれ？　この数字おかしくない？」
部下「あっ」
上司「ちゃんとチェックした？」
部下「……いえ、追加資料の作成に時間がかかってしまい、全体のチェックをする時間がなかったものですから」

こうして資料の訂正が入ることで、上司は表面上の数字しかわからないまま、会議に臨むことになります。当然、数字を見た上での深い分析や意見は持ち合わせないままです。経営者から質問が出てもその上司は即答できず、経営者は別の追加資料を次月までに求め、

図8　経営者の不安がもたらす悪循環のスパイラル

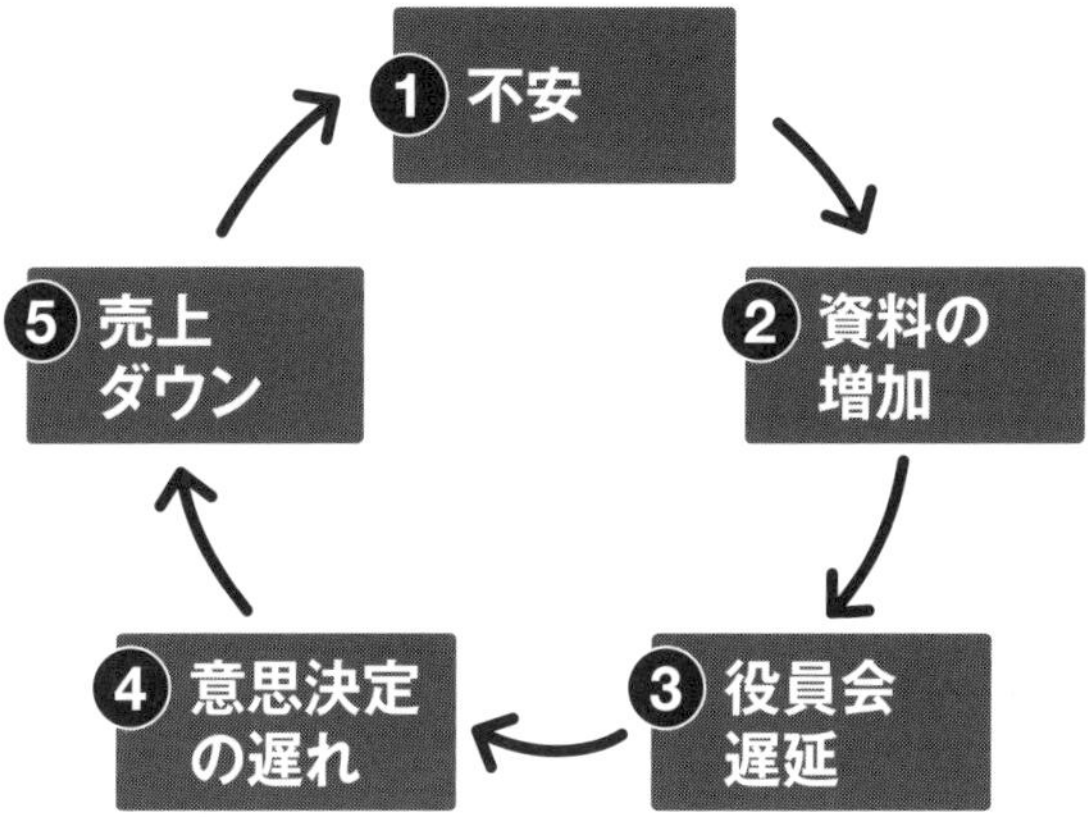

❶ 数字の悪化に伴う社長の不安
　→追加資料の要求

❷ 追加資料の作成による事務量の増加
　→残業代の増加、営業活動時間の不足

❸ 資料完成の遅れによる、役員会開催の遅延

❹ 経営者の意思決定の遅れ

❺ 同業他社より経営判断が遅れることによる数字の悪化

会議後、上司は部下に追加資料の依頼をします。

資料が増えるデメリット

この繰り返しで、会議資料は増え続け、資料作成に時間を取られ、挙句に「会議の日程を資料に合わせて今までよりも遅らせる」ということも実際にあるのです。これでは本末転倒です。会議は1日でも早く開催できれば、それに越したことはありません。

数字について不安になると、何か目に見えるものにすがりたくなる心理が働きます。それが資料の作成依頼につながるのです。

実務作業者は資料を作るだけで精一杯になってしまいます。そして資料作成にかける時間がさらに増え、会議の日程が後ろにズレていきます。それが経営判断の遅れにつながってしまうのです。

スピードアップ！

ムダな資料を作っていませんか？

Column

悪い数字が伝わりにくい理由

現場の人間の心理として、悪い数字は報告したくないものです。これが反対に、過去最高の売上や受注が決まったらどうでしょう。

まず売上を達成した本人が周囲に言い、その上司も経営者に伝えるはずです。さらに、経営者から全社員に共有したうえで、さらにがんばるようにと発破をかけることでしょう。よい数字は何もしなくても自然に伝わるのです。

人の噂は悪い行いほど速く伝わり、善い行いはなかなか伝わらないと言いますが、会社の数字に関していえば正反対です。よい情報は速く伝わり、悪い情報はなかなか伝わらないのです。

経営者に悪い情報の届くスピードが落ちると、じっくり判断する時間の余裕がなくなり、さらに間違った判断をしてしまうリスクも高まります。それがいくつも重なるとどうなるかは明らかでしょう。

その「悪い循環」を変えることができるものがあります。「月次決算資料」です。

現場が言いたくない情報、言いにくい予兆が詰まった数字があります。これを速く正確に、経理が経営者に提出することができれば、早め早めに改善対応の指示ができます。

経理社員の能力は、みなさんが思っている以上に会社の数字に影響を与えるものなのです。

02

「社長が安心するためだけの資料」を作っていませんか？

経営者には「資料を見極める目」が必要

一口に会議資料といっても、内容は多岐にわたります。ＢＳ／ＰＬ（貸借対照表／損益計算書、以下ＢＳ／ＰＬ）から派生するような財務的内容のものから、新規獲得件数など、営業管理的なものまでさまざまです。

当然ながら、ＢＳ／ＰＬの他にどのような資料が作られるのかは、会社によってまちまちです。上場企業や上場準備企業などは、周囲からの要望や指摘の中で作られることもあります。そうでない会社の場合、基本的には経営陣が「ほしい」「知りたい」と思う資料の作成指示が飛ぶことでしょう。

だからこそ、そのような会社であればあるほど、「社長だけが求めている資料」が増えないように気をつけなければいけません。**経理のスピードアップの妨げになるばかりか、**

会社の生産性をも落としてしまうからです。

経理作業には2段階あり、「伝票入力やチェック、月次決算を締めるといった直接的な業務」と、「確定した月次決算の数字をもとに、会議資料・分析資料などを作成する業務」とがあります。具体的なスピードアップのテクニックは後述しますが、大前提として、「その資料が本当に必要かどうか」を見極める目が必要なのです。

事例：「社長の安心」が赤字を生むとき

私が経理という立場で会社の組織を見ていると、興味深い現象に出合うことがあります。例えば、新規獲得案件についての指標です。

この指標が作られるのは、経営者の「新規獲得案件が少ないからテコ入れをしたい」という思いから始まります。加えて、「社員が新しい仕事に対して消極的でチャレンジ精神がない」「営業が弱い」という思いもあるかもしれません。

そうしたとき、現場が資料を作ることもありますが、経理部で売上データを抽出し、新規の取引先名と担当者名だけを記載し、「合計○件」と作成する場合もあります。そのときに件数だけを載せて、他の指標を出さないでいると、どのようなことが起こるでしょうか。

現場社員は、**簡単に契約をとれそうな会社、あるいは簡単に契約をとれそうな金額の範囲で仕事を受注していく**方向に進んでいきます。

なぜなら、その資料には「件数だけ」しか載せていないからです。現場社員からすれば「いくら1件当たりの売上や利益が多くたって、社長は評価してくれないんでしょう？　だったら小粒の仕事をたくさんとったほうが、自分も楽だからそれでいいよ」となってしまうのです。

その結果、新規獲得の件数だけは増えて社長は安心します。しかし、売上や利益はそう変わりません。

あるいは「クライアントの数ばかり増えて、現場や管理部門の手間が余計に増え、コストがかかり、利益率は逆に下がる」ということが起こるかもしれません。

「どのような資料を作るか」は、みなさんが思っているよりはるかに重要なのです。

「マンネリ化している会社だから、マンネリ化した資料」「複雑怪奇な職場だから、複雑怪奇な資料」が生まれるのではありません。**「マンネリ化した資料だから、会社もマンネリ化する」「複雑怪奇な資料だから、複雑怪奇な職場になる」**のです。

経理の重要な役割は、経営者と現場との「中間・中立」の立場に立つこと。そして客観

図9 偏った資料は、会社の生産性を落とす

悪い例

新規獲得の際に件数だけしか載せない

氏名	獲得件数
山田	10
鈴木	8
田中	4
高橋	2
Total	24

件数だけを目標にすると、
単価が小さくなり、
逆にトータルの売上が下がる
可能性がある。

良い例

**新規獲得の件数だけでなく、
売上、単価なども掲載して、
実際に数字も出ているかを確認する**

氏名	獲得件数	売上	売上平均単価
山田	10	800,000	80,000
鈴木	8	1,500,000	187,500
田中	4	1,200,000	300,000
高橋	2	500,000	250,000
Total	24	4,000,000	166,667

余裕があれば売上同様に
利益、利益単価なども掲載して、
それぞれの社員の強みを評価する。

的に会社の数字や業務状況などを観察し、作られている会議資料がその時々の会社にとって有益かどうかを確認、指摘することなのです。

このケースであれば、「手間は同じなので件数だけでなく、売上金額も一緒に載せてはどうか」ということに気づければ、少なくとも前述のような現象は防げます。

赤字会社は、「資料」が起点となり、人が動く

本来「資料」とは、現場の動きや成果を数値化、文章化したものです。

しかし赤字会社では、「資料」が起点となって人間の心理に働き、社員の行動のほうが資料に寄っていってしまう、という現象が起きるのです。

そうなると、社長（会社）にとって都合のいい資料が優先して作成されるようになり、会社の生産性はどんどん落ちていきます。

スピードアップ！

「資料」に踊らされていませんか？

図10　赤字の会社は資料に翻弄され、さらに赤字に

本来

社員の仕事の結果
⇒数値化、文章化される（月次決算資料など）

赤字の会社

膨大な資料を作ることを最優先する
⇒資料作成以外の仕事ができない
⇒売上、利益が減る

03

資料が多いと、「端数合わせ」に時間をとられる

資料が増えるほど、時間がとられる

会議の資料、特に数字に関するものになると、その資料のまとめには、エクセルなどの表計算ソフトを使用している会社が多いでしょう。

そこでいつも問題になるのが**「端数処理」**です。

私の場合、自分が最初から最後まで作るときや、はじめから四捨五入や切り捨てなどの指定があったときは気を配りますが、正直なところあまり気にしていません。

また、外部に提出する資料はチェックしますが、社内向けの資料の場合は、**「時間があれば」最後にチェック**します。

なぜなら、「前任者が作成した古いフォーマット」と「自分が作ったフォーマット」を組み合わせたりするときなどは、そのつど四捨五入なのか、切り捨てなのか、はたまた切

り上げなのかを確認していたら、作業が時間内に追いつかないからです。

「端数を合わせないと、先に進めません」

数字に関する資料の作成で一番大切なのは、全体の数字が合っているか、抜けがないか、ということです。

予算作成でいえば、人員が来年10人増えるという予算を作らなければならないとしたら、給与だけでなく、「社会保険料や備品消耗品の費用を予算に入れ忘れていないか」などを確認してほしいのです。

このほうが「重要な事項」なのですが、中には端数が気になって仕方がない、という人も一定数います。

いつまで作業をやっているのかなと思って声をかけると、「端数が合わないのでそれを合わせている」と言うのです。入れ忘れている項目がないかのチェックをしたかと聞いても、「それよりも、端数を合わせないとそちらに進めないじゃないですか」と言って、何ひとつ他の項目が確認できていないことすらあります。

「一から新しい資料を作りましょう」ということであれば、端数は四捨五入や切り捨てな

図11　資料の端数合わせに時間がかかる

1円合わない……
資料ごとに
数字の単位が違う……
資料が増えると
端数合わせに
時間をとられる

ど、統一して合わせることができます。

しかしそうでない場合、シートごとに設定が違うことがほとんどです。

例えば、１０００円単位、１００万円単位の資料だと、数式を入れて、１円単位で作ってある別のシートからリンクさせ、１０００や１００万で割ったものを四捨五入するものもあれば、切り捨てのものもあります。

中には、１円単位の資料から、数式などは使わずにそのまま数字をベタ打ちし直して１０００円単位、１００万円単位に転記してある資料まであります。

きりがないのです。

もし端数にこだわるのであれば、他のすべての項目をチェックし終わった後、時間があれば確認すればいいでしょう。

何もしなくても、資料は増え続ける

右肩上がりの会社であれば、どんどん新しい事業部が作られたり、新しい人が入社したり、新しい資料が作られたりするので、現実的な話、こんな細かいことを言っている余裕はありません。

「端数がすべて統一された資料を自分に与えてくれないから、作業を先に進められません」という仕事のスタンスでは、黒字の会社で仕事を続けていくのは厳しいのです。

しかし、経理担当は生真面目な人が多く、端数チェックをやめなさいと言ってもやってしまいますし、それぞれの処理能力レベルの限界もあります。

だから、経理のスピードアップには、必要のない資料を減らすことと、誰にでも作成できるように単純化していくことが必要なのです。

スピードアップ!

経理はどんな作業をしていますか？

04

経理が遅いと、営業・販促がどんどん後手に！

数字が出ないと、現場は動けない

月次決算が遅くなる最大のデメリットは、「経営判断が遅れる」ことです。月次決算に30日かかっていたら、社長が「前月は数字が悪かったな。今月は○○の点に気をつけるように」と言ったところで、社員は「社長、今日で今月は終わりです」となり、**何も改善できないまま1カ月が過ぎ去ってしまう**からです。

それが繰り返されていくと、改善できないものが玉突き状態になり、解決できないまま蓄積されます。

例えば、「毎月13日には先月分の月次決算が締まり、17日に経営会議をしている会社」があるとします。会議の中でAという課題が持ちあがったら、少なくとも18日から月末までの2週間は、その課題解決を前提に社員が動くことができます。

そうすることで、その月の数字も改善され、翌月の月次会議でも、「課題Aを2週間で解決した結果、数字がどうだったか、社員はきちんと行動できていたか」というフィードバックができます。

改善されたら課題Aは終了です。もしまだ不足なら、補足として「課題Bを引き続きやる」という案を出します。

当然Bという課題は、課題Aよりは質的にはレベルの高いものになる場合もありますが、量的には少なくすむはずです。それを毎月繰り返していけば、社員レベルでの課題はほぼ毎月クリアでき、数字も上がっていくでしょう。あとは残りの難しい課題を経営陣で議論、解決していけばいいわけです。

月次決算が遅いと、こんなことが起こります

ところが、翌月末近くに月次決算が締まる場合、経営会議を月末に行っても、もうその月にできることはありません。また、「月次決算が締まっていなくても、毎月17日に経営会議をやる」会社であれば、先々月の数字で議論するしかありません。

これらは現実的にかなり厳しい状況と言わざるを得ません。経営陣から「先々月の数字

から分析すると……」と言われても、社員は「先々月のことをベースに言われても……」となります。加えて、出された指示の効果測定も再来月にならないとわからないのです。社内の改善レベルの話であれば、それでもまだよいのですが、これが営業や販促に関する課題だと、会社にとっては死活問題となります。

最近は時代や流行のサイクルが速いので、先月みんなが「お笑いコンビの○○って面白い」と言っていたものも、今はもう1カ月後には「古い」「飽きた」という状況が日常茶飯事です。

そうした環境で、効果的な営業活動や販促費を投入するなら、**他社より1週間、2週間遅れるだけでも致命傷**になります。こうした可能性はこれからますます高まっていくでしょう。

月次決算が速くなれば、経営判断が速くできることで他社より先手を打つことができ、それまでの**「がんばっているのに儲からない会社」**から**「当たり前のことをやっているだけなのになぜか儲かる会社」**に変容していくのです。

スピードアップ!

経営会議で何を話し合っていますか？

図12　月次資料のスピードで役員会の中身も変わる

❶ 17日開催の役員会で
既に先月の月次決算が締まっている場合

残り2週間で
予算を達成しよう!
オー!

❷ 17日開催の役員会で
月次決算がまだ締まっていない場合

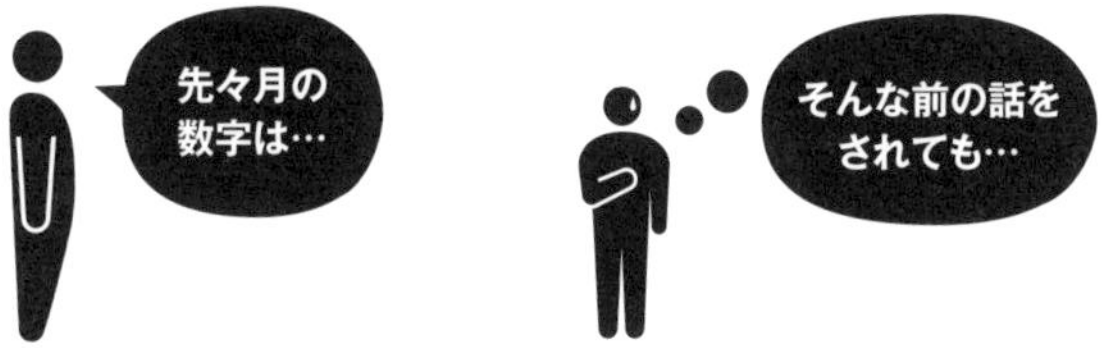
先々月の
数字は…
そんな前の話を
されても…

❸ 30日開催の役員会で、
先月の月次決算が締まっている場合

じゃあ今月も
がんばろう!
今月って今日で
終わりだよ…

05

なぜ余計な資料が、経営者と社員を不幸にするのか？

残業の原因を考える

日本の会社は「出社時間の管理は厳格だけれども、退社時間の管理は甘い」傾向があります。最近は労務のことも指摘されるので、退社時間も厳しくなってきていますが、根本的な「考え方」の部分は変わっていません。

つまり出社時間は、規律の問題や「朝、取引先から電話がかかってきているのに誰も出ないのは失礼だし、会社として恥ずかしい」という理由で管理していますが、退社時間となると、あいまいになります。

「余計な資料、無駄な資料」はいつ作成されるか。多少の例外はあれど、**ほとんど残業時**ではないでしょうか。

必要な資料作りのための残業ならよいのです。しかし、余計な資料を作るために残業していては、会社にとっても迷惑ですし、社員にも余計な負担です。「資料がたくさんあればよい」とは限りません。必要な分だけあればいいのです。お金や時間がかかっている「余計なもの」はないかを定期的に見直しましょう。

定期的に業務を整理する

その方法として有効なのは**「残業してまで作る資料なのか」**を基準に仕分けすることです。そうやって業務を整理すれば、余計な残業代も出ず、社員も早く帰ることができます。

また、「今までなんとなく続けてきたけれど、今の会社の状況では、もう不要な資料や作業はないか」ということを洗い出し、仕事の量を物理的に削減していきましょう。

スピードアップ!

残業してまで作る資料、ありますか？

06

経理のスピードを上げる3ステップ

焦らず、1つずつ実行

次章以降、経理をスピードアップさせるための具体的な考え方、方法論をお伝えしますが、ここでは、経理をスピードアップさせる3ステップをお伝えします。

ステップ❶　経理部内の改善（主に第1～4章）

まず経理部内の改善からです。

「パソコンで行えば速く正確にできる作業を手作業でしている」「業務分担が社員によって偏っている」「業務マニュアルがないために、特定の人しかできない作業がある」など、非効率な部分を洗い出し、改善することで、作業効率を高めます。

ステップ❷　現場・役員との関係性の改善（主に第1〜4章）

次に現場・役員との関係性の改善です。

これが経理のスピードアップとなんの関係があるのかと思う人もいるでしょうが、大いにあるのです。

経理部内の改善はある段階で限界がきます。いくら経理で努力をしても、「現場からあがってくる申請書に不備が多い」、あるいは「手本を見せるべき立場の役員がいつまでも自分の経費精算を出さない」などがあると、経理部内での早期化の努力はすべて相殺されてしまいます。

まず現場や役員が、**「正しい数字」を、「決められた期限内」に、「1人も漏らさず」申請をする。**

これがスピード経理の一番のポイントなのです。この状態を構築できる経理こそが、これからの時代に求められる「少数精鋭」の経理社員の手本といえます。

「少数精鋭」というと聞こえはいいのですが、どうしようもない経理社員が「少数精鋭」の中心メンバーだったら、最悪の結末を迎えます。

社長をはじめ経営陣に、それを見抜く「眼」があるかどうかが問われるのです。

「どうしようもない経理社員」は、外観上の所作は優秀な経理社員を装いますから、パッと見ではほとんど見分けがつきません。1人ひとりの成果物や細かい言動で判断していくしかないのです。その見分け方も本書で紹介します。

ステップ❸　仕事との向き合い方を改善（主に第5、6章）

最後に、仕事との向き合い方の改善です。

スピードアップの仕組みを導入しても、それを実際に運用するのは生身の人間です。経理のスピードアップを定着させ、さらによりよい形に進化させていくには、仕事（経理）への向き合い方を改善するしかありません。

受け身でひたすら自席に鎮座して仕事を待っている人と、能動的に、「あれもスピードアップできるのでは、これも……」と考えたり、社内を見てまわったりする人とでは、明らかに仕事の質も効率も、そしてその人の能力自体も変わってきます。

スピード アップ!

御社の経理はどんな状況ですか？

図13　3ステップで経理がスピードアップする

経理のスピードアップ

ステップ❶
経理部内の改善
（主に第1～4章）

ステップ❷
現場・役員との関係性の改善
（主に第1～4章）

スピードアップの定着

ステップ❸
仕事との向き合い方を改善
（主に第5、6章）

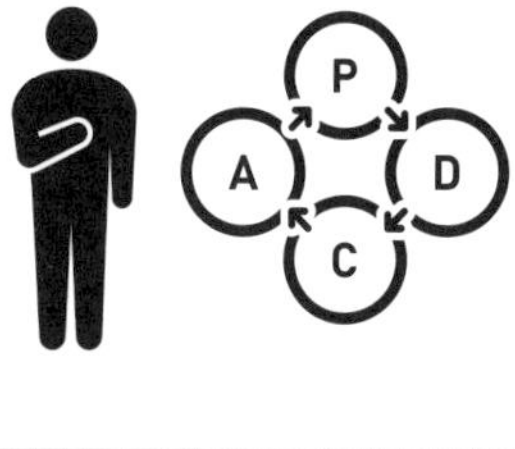

第1章

「過去」を捨ててスピードアップ！

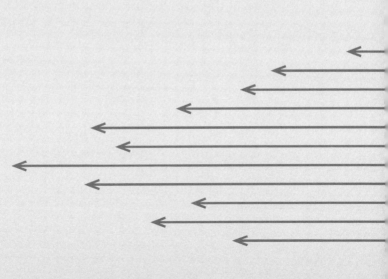

07

過去と決別しなければ、スピードアップできない

会社の「負の遺産」を捨てる

新しい体制、新しい環境、新しい生活へ集中するには、まずは「過去の整理」をする必要があります。

具体的にすることは**「過去と現在との明確な区分け」**です。

いくら現状や未来を変えようとしても、「負の遺産」があると、それがどうしても足かせになってしまうのです。

「古いやり方にこだわる人」「古い債権債務の残高」「時代に合わず売れなくなった商品」。このようなものがあると、何か新しいものを取り入れようと思っても、スムーズに取り入れることができません。

スピードアップのためには「身軽である」ことが必須なのです。「スピードアップしま

しょう」と新しいやり方を提案しても、「これまでのやり方はどうするんですか?」「過去のこの残高はどうするのですか?」「過去の1万個の商品すべてに適用するんですか?」となっていては、スピードアップどころか、たちまち急ブレーキがかかります。

抵抗勢力の本音

新しいことを始めようとするたびにそれが繰り返されると、当然改善しようとするほうも気力や体力を失っていきます。それこそが、古いやり方を是《ぜ》とする人にとっての目的なのです。自分の仕事の仕方を変えられたくない人は、**「定年までこのままの働き方で逃げ切れる」「組織改善なんて関係ない」と思っていることが多い**のです。

そのような質問や抵抗が出ないように、「過去は過去としていったん整理する」必要があります。見て見ぬふりをして誰も手をつけない。これが、会社にとって一番進歩のない状態なのです。

スピードアップ!

「古いやり方」にこだわっていませんか?

08

「ダメ資産」が組織のスピードを落とす

人を切る前に、まず数字を切る

会社の利益が急激に下がったとき、あるいは赤字に転落したとき、早期退職者を募集することがあります。ただそれは、どの会社も最終手段として考えていることであり、「本来はやるべきではない」と思っているはずです。

しかし、それを何度も繰り返す会社もあります。そうした会社の特徴は、**「損失処理すべき『ダメ資産』をそのまま資産計上することが常習化している」**ということが挙げられます。目的は、決算書の「外観」をよくするため。これは赤字会社に限らず、黒字会社でも見受けられることです。

損失計上をいつ行うかは、合法である限り会社の決めることですが、「黒字体質の会社にする」のであれば、早め早めの損失処理で、すっきりした決算書にすべきと考えます。

「先送り」は百害あって一利なし

税務上や外観上は、損失を翌期以降に繰り越したほうがいいと考えるのも会社の判断です。しかしそうした判断が、従業員の教育上、よいことばかりとは限りません。

損失責任の所在のあいまいさが、気のゆるみ、甘えとなって、組織全体がゆるく、ぬるく、鈍く、スピード感のない体質になっていくのです。

数字の責任は、「期ズレ」させてはいけません。会社の事情もあるので理屈通りにはいきませんが、経理の数字も本来はそう処理するのが健全だとわかった上で損失を繰り越す、ということを意識してほしいのです。

損失を先送りにしてよいことはありません。むしろ、「もっと早く決着をつけておけばよかった」とすっきりした顔で言われることがほとんどです。

「利益が出たときに、その評価損も合わせて処理したほうがいいから、それまで現状維持でいきましょう」と言う社長もいます。理屈上はそうなのですが、実際その通りになることはほとんどありません。次の年も、その次も利益が出ないことが多く、むしろ一気に損失処理をしたほうが、利益は出やすいのです。それが「過去との決別」なのです。

もし「ダメ資産」があったら？

会計上、翌期以降に損失処理を見送ることがあったら、管理上は数字を把握し、遅延することなく、その場その場で社内の責任者と共有すべきです。

「過去の数字を切れないから、最終的に今いる人を切らざるを得ない状況に追い込まれる」ことだけは避けなければいけません。

「きっと誰かがなんとかしてくれる」「いずれ景気がよくなって、うちの会社もよくなる」という期待だけでは絶対にうまくいきません。

そのような**「都合の悪いことはとりあえず何でも先送りにしておけばいい」という経営者や社員の「体質」が、さらに赤字を引き寄せている**のです。

スピード アップ！

「ダメ資産」「先送り案件」はありませんか？

図14　決算書の外観にこだわらない

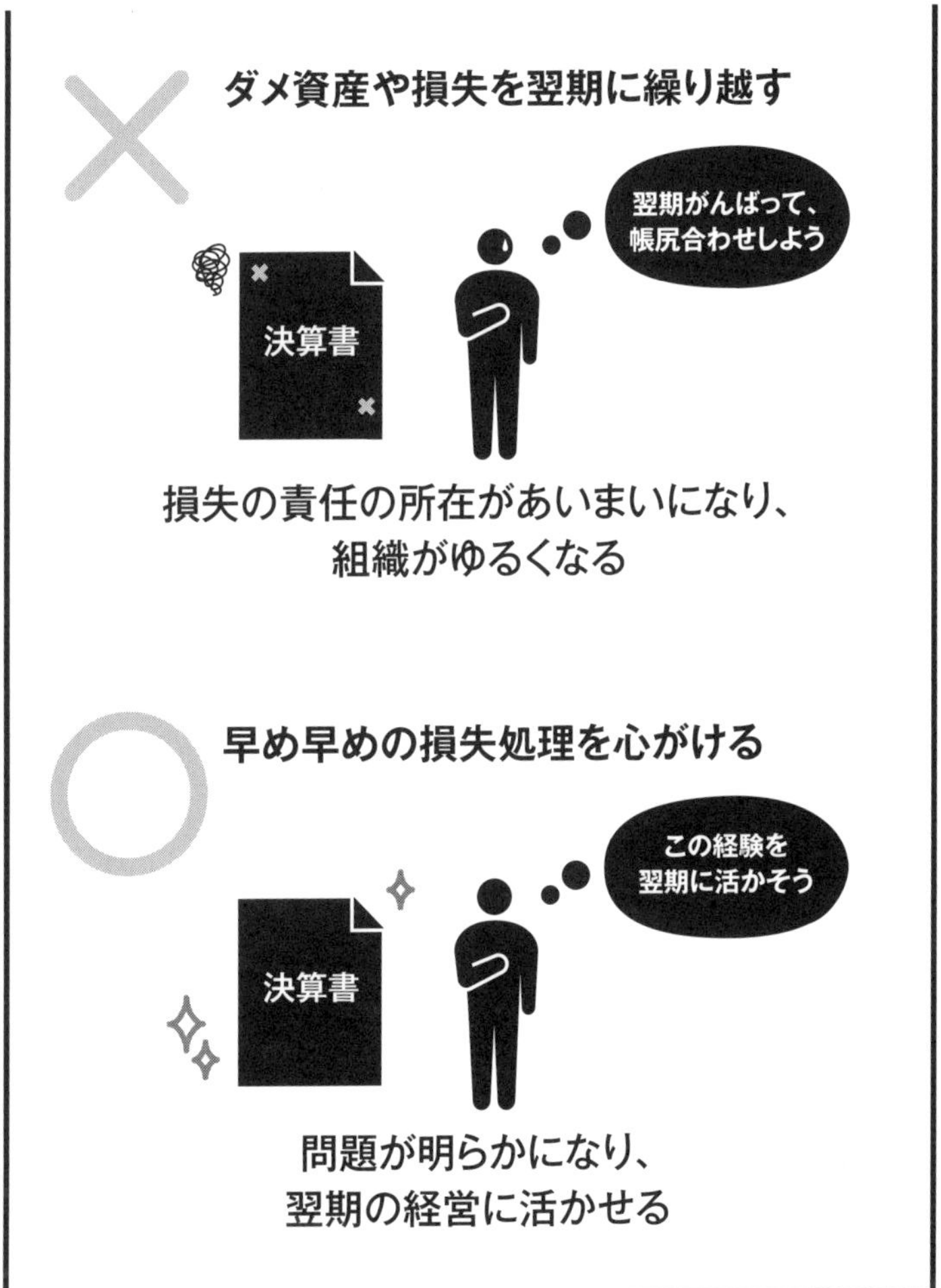
ダメ資産や損失を翌期に繰り越す
翌期がんばって、
帳尻合わせしよう
決算書
損失の責任の所在があいまいになり、
組織がゆるくなる
早め早めの損失処理を心がける
この経験を
翌期に活かそう
決算書
問題が明らかになり、
翌期の経営に活かせる

09

「経理はカネにならない」思考を捨てる

経理にどんなイメージを持ってますか？

フリーランスの経理という肩書で仕事をしていると、「常駐でお願いしたい」とよく言われます。私は、「5日分の仕事を2日か3日でやれるようにしますから、それではダメですか」と言っても、やはりダメなのです。そのため、やりたかった仕事もいくつかお断りしてきました。

今の経理は、現金で決済すべきものはずいぶん減りました。振込もインターネットバンキングでできますから、**「毎日、朝から晩まで席に張りついていないとできない作業」はほとんどありません。**不在時に何かあったらメールか電話で連絡すればいいのです。

しかし、経理の「イメージ」として、毎日いないと不安、フルタイムでいてくれないと意味がないと感じる人はまだまだ多いのです。

また経理に対して、「机上の空論しか言わない」「経費を節減する提案はできるが、利益を伸ばす提案はできない」という考えの人も多くいます。

しかし**経理こそ、未来を予測しなければならない部署なので、クリエイティブな素養が必要であり、もっとお金をかけるべき**なのです。まだまだ経理の業界は「数字の集計をしていれば、それで仕事が終わり」という古く固定的なイメージが払しょくできていないのが現状です。

もし仮に、「フルタイムで働けるが、一般的な能力の人」と、「優秀な人だけど、諸事情で午前中しか働けない人」がいたら、私は迷わず後者の人を採用して、時間限定で仕事をしてもらいつつ、一般的な能力の他の社員の指導係にもなってもらいます。そうすると、一般的な能力の人も成長して、優秀な人に育ってくれるからです。

新しい柔軟な発想を取り入れ、業界の固定観念を疑いましょう。経理のスピードアップに限らず、時代の流れにも寄り添うことができるはずです。

スピードアップ!

業界、業種の固定観念に縛られていませんか?

10

人為的ミスを減らす「魔法のひと言」とは？

「負の遺産」を出し切ることが先決

経理の世界で反対が起きやすいのは、過去に自分が犯したミスが発覚する、あるいは蒸し返されることに嫌悪を感じる場合です。

ミスの代表格は、「仕訳をミスして、そのまま残高がおかしくなっている」や「何年も前の債権債務残高が放置されている」といったものです。

まずその人たちに反対されないよう説得しなければなりません。そのとき大切なのは、**「過去は問わない」**ことを先に明言することです。

私たちの目的は経理をスピードアップして、経営判断を速めることですから、そのように事前に宣言しておきましょう。その代わり、今後は人為的ミスが一切起こらないような体制を作ると、伝えます。

すると、最初は理由も言わず抵抗や反対をしていた人たちも、このときとばかりに、「これ、前の担当者から引き継いでそのままになっているんですけど」「誰にも相談できずに困っていたんですよね」と、次々と「負の遺産」を自ら提出してくれるのです。

「なんだこれは！」をグッととらえる

例えば、「金庫の中身のことで相談が……」と言われて金庫を見せてもらうと、いろいろなものが入っていることがあります。

「海外出張に行った社員が使い残した外国通貨のコイン」「封筒に入った謎の3万円」などさまざまです。

「これらはどう処理しているのですか」と聞いても、「もう会計上は処理にあてる科目がないし、どうしたらいいかわからないのでそのままにしていて……」という答えが返ってきます。外国のコインは、日本では換金が難しいので、頻繁に行かないような国の通貨であれば、銀行などに置いてある募金箱に寄付してすっきりさせましょう。

また、封筒に入っている「謎のお金」は、退職した前任の担当者から「私の前の時代からあったけれど、なんのお金かわからないでそのままに、と引き継がれた」、あるいは、

図15　過去のミスを責めない

実は、こんなミスがありまして……
何やってるんだ!!!

社員がますますミスを隠そうとする

「ある日突然、誰かが金庫にその封筒を入れていて、誰が入れたのかを聞きそびれてそのままになってしまった」などの理由が返ってきます。であれば、その場で雑収入として計上します。

それらの「負の遺産」を目にすると、「なぜ今まで黙っていたのだ」と腹も立つかもしれませんが、そこはグッと抑えます。将来の利益のために、今しばらくは我慢です。体制が改善されて、数字がよくなったときに改めて、負の遺産を見直してもいいのです。しかしそのころには、もう利益が出ていますから、過去のことなどは、「もういいか」と思えるようになっているでしょう。

過去の責任を突き詰めてもよいことはありません。問われたほうは機嫌が悪くなり、

「何年も前の仕事を蒸し返されて自分のせいにされた」「きっと自分をクビにしたいから、いじわるをするんだ」など、あることないことを吹聴するかもしれません。それよりも、今後は人為的ミスが起きないように、社員のレベルを引き上げる仕組み作りに時間を費やしたほうが、組織も利益も盤石《ばんじゃく》になります。

前任者たちも、普段から改善する習慣を会社から指導されていれば、適切な能力が備わっていたかもしれません。**過去のミスが放置されたまま、誰も気づかない、誰にも相談できないような環境であったのですから、社長にも責任がある**のです。

そのような観点から見ると、100％担当者が悪いとはいえない面もあります。いったん責任の追及は棚上げし、過去のミスの洗い出しと精査を優先しましょう。膿《うみ》をすべて出し切った状態で、会社の管理体制や業務のやり方を改善しようとすれば、みんなの同意も得やすく、よりスピードアップできる体制ができるでしょう。

スピードアップ!

社員をすぐ責めていませんか？

11

過去の債権債務はすぐ処理する

「めんどくさい」と放置してはいけない

債権債務の管理は、誰もが一度は困った経験があるのではないでしょうか。

例えば、「3年前の売掛金の計上がそのまま消えずに残っている」、あるいは「昨年の買掛金の残高が消費税分の金額だけ帳簿上は過払いの状態になっている」などです。

債権債務が相違していると、時間が経過すればするほど解決が難しくなります。帳簿がきれいに一致しないケースの例としては、次のようなものがあります。

・経理社員の伝票処理ミス（相殺処理のミス、振込手数料の処理ミスなど）
・未入金、未払状態のものがある
・支払をした金額、入金された金額が間違っている

・自社、あるいは先方の請求書の二重発行、再発行による処理ミス
・消費税の認識違い

これらは文字にしただけでも、「ああ、触れたくない」と思います。でも、誰かがやらなければいけません。

未解決の債権債務があればあるほど、作業スピードは遅くなる

債権債務の取引先別残高数字がクリアになっていないと、帳簿上で日常的な売掛残、買掛残などのチェックをするときにも、その作業スピードが遅くなります。

過去の未解決事案があればあるほど、経理処理、チェック処理に時間がかかります。作業スピードが落ちるのです。経理の体制としては、**常に帳簿上も「身軽」でいることを心がけなければいけません。**

買掛金のようなこちら側が支払うものは、相違や未払いがあると、相手先から確認や催促があるので、トラブルになることはあまりないでしょう。

逆に、「こちらが入金してもらえるはずなのに予定を過ぎても何カ月も未入金の状態

（滞留債権）である」という場合は、「滞留債権リスト」（70～71ページ参照）を作成して、上席の役員も含めて毎月情報を共有し、早期に解決しなければいけません。それでも、相手先が音信不通になるなど、どうしてもこれ以上回収できないこともあります。

社内ルールを設定し、期間を決める

経営者の立場としては、なんとか回収したいと思い、会計士や税理士の指摘があるまで、売掛金の残高を残しておくことが多いでしょう。

しかし、経理のスピードアップという観点から考えると、社内でルールを設定し、ある程度の時期に結論を出して損失計上し、過去の残高をなくすのが重要です。

なぜなら、滞留債権がいくつも残っていることで、経理の管理作業に手間がかかり、現時点の売掛残のチェックミスを誘発することがあるからです。

滞留債権を増やさないコツとしては、次の2つがあります。

・**管理表に現場担当者の名前を入れる**（同じ担当者が、複数の滞留債権を抱えていることも多い）

・**人事部の退職者手続きのフローに、「滞留債権の有無の確認」という項目を入れる**

（確認をあいまいにしたまま辞めてしまう社員もいるため）

この2つの仕組みがあれば、税理士や会計士と協議する際の材料にもなりますし、社員たちにとってもけん制になりえます。

何事も先延ばしは厳禁！

スピードアップのためには、**「先延ばしにしない」「その担当者がいるときに資料や証言を確保しておく」**習慣が大切です。

可能性を信じて粘ることも必要ですが、ときには勉強代だと思ってひと思いに過去を分離しましょう。ゼロから現在や未来を再構築していくことがスピードアップにもつながります。

スピード
アップ！

「回収できるかも」と放置している債権はありませんか？

ポイント

リストは自由に加工できるようにしておく

メリット

不必要な部分をカットすることで、
「社長報告用」「現場担当者への連絡用」と使い分けができる

当初入金予定日	進捗状況	入金予定日
2016年7月31日	先方資金不足のため、3分割にて入金予定(社長同士交渉済：9/5)	2016年9月末、10月末、11月末(各90万ずつ)
2016年8月31日	先方請求書紛失のため再発行済(9/12)	2016年9月30日
2016年8月31日	当社担当者の請求書発送遅れのため、振込が1カ月ズレる旨連絡有(C社沢田様より8/14)	2016年9月30日

進捗状況には、
やりとりの日付を入れて
詳細に記録を残す

図16　滞留債権リストの作成例

滞留債権（未入金の債権）はまとめてリストにし、社内で情報を共有する

2016年8月分　滞留債権リスト（9月18日現在）

請求日付	取引先	当社担当者	金額（円）	内容
2016年5月31日	A社	山田	2,700,000	○○
2016年6月30日	B社	佐藤	324,000	□□
2016年6月30日	C社	山本	540,000	△△

担当者が在籍しているかチェックする

12

「過去の勝ちパターン」にすがりつかない

一度すべてをリセットする

人間誰しも「自分の一番ピークの時期」が心のどこかに残っているものです。「自分が一番輝いていたとき」「一番年収が高かったとき」「一番モテていたとき」。それを引きずり続けていては、いつまでたっても過去を超えることはできません。そのためには**過去のやり方、過去の栄光の記憶をリセットする**のです。

ある会社では、伝統的な飛び込み営業、ルートセールスが主で、インターネットでの広告、販促などには消極的でした。「実際の品物を見た営業社員の情熱が大切だから」という理由でしたが、パソコンに詳しい若手社員を中心に、ホームページを充実させたり、インターネットに詳しいコンサルタントを外部から招き、その会社の認知度を上げる施策を一緒に考えてもらうようにしました。

その結果、これまでのルートとは別に、インターネット経由で商品購入の問い合わせ、技術提供の依頼、新規事業のコラボレーションなど、次々と新しい商談が舞い込み始めました。会社や商品が広く認知されたことで、その会社に求めるニーズも変化し、新しい企業価値を第三者が見出してくれたのです。

この会社では経理スタッフが、ホームページの閲覧件数と売上高の推移や分析を担当していました。そのため営業だけではなく、会社全体で1つのテーマを一緒に考える習慣がつきました。

今の時代は**「自分は経理だから、数字以外のことは知らない」「自分は営業だから、自分の売上のことしか興味がない」「自分はモノ作り担当だから、それ以外のことはわからない」ではダメ**です。それぞれが自分の才能を持ち寄って、1つの目標を共有し、どうしたらお互いの役に立てるかを考えて行動していかなければ、会社として生き残っていけないのです。

スピードアップ!

「昔はよかった」と言っていませんか?

13

愛着のある商品でさえも捨て去る

社内ルールを決めて、定期的に見直す

ある会社を訪問したときのことです。

その会社は歴史のある会社で、「工番＝商品」でした。微細な差も1商品とみなしていたため、数千個の商品がありました。

ただ、その会社の売れ筋を見ると「数百個あれば十分」だと思ったので業務改善として、この工番の絞り込みを行おうと提案しました。

工番を使用している会社は、工番別の売上・利益も集計しています。経理が集計、精査をするときには、工番の分、つまり数千行分のデータがダウンロードされます。加工作業は煩雑で、時間がかかります。

データが少ないほうが仕事も速く終わり、作業ミスも少ない。工番が稼働していれば、

数千でも数万でもやる必要があるのですが、中には「工番だけあって、売上も原価も０円のもの」もあります。**経理的観点からすると、「この工番を残しておく必要はあるのか」**と思ってしまうのです。

そこで私が「売れていないものは思い切って工番を削除してしまえばいい」と言うと、会議室の空気全体がピリッとしました。早急に業務改善をしなければいけない状態だったので、そうするしか仕方ありませんでした。

しかし後日、もっとふさわしい言い方があったのではないかと反省しました。

自分の作ったものは、売れる、売れないにかかわらず大切なものです。苦労した工程も忘れられません。当然ビジネスのために出すわけですから、売れたほうがいいに決まっています。もし自分が同じように「もう売れるピークを過ぎたから、さっさと廃棄してしまいましょう」と言われたら、少しさびしい気持ちになると思いました。

実際には、その会社は工番を大幅に整理したのですが、後から尋ねると、「現場は現場で自分が作った商品に愛着があるから、もうほとんど需要がないとわかっているものでもなかなか廃番にはできないんですよね」と言っていました。

しかし、「だからこそ、こういうタイミングで外部の人に言われたときに思い切って決断しないと先に進めないですよね。新しいものもどんどん作らないといけませんし」と言っていただき、私にとっても救いになる言葉でした。

このような課題はどこでも生じます。スムーズに工番（製品・商品・サービス）の見直しをするには、次のように考えてはどうでしょうか。

まず、その**商品に今でもニーズがあるのか**。そのニーズの頻度はどれくらいかをチェックします。その中でニーズがないものに関しては、**今の時代に合った形でリニューアルすることが可能か**を判断。リニューアルが不可能な商品に関しては、過去売れているか売れていないかの実績数値を見ます。

そして、**「過去2年間、1つも売れていないものは廃番にする」**という社内基準を作り、その基準に該当する商品は、会社にとって役割を終えた形にします。

そうすれば、現場の人たちで考えて結論を出してもらう工程が組み込めますから、全員が納得しやすい形で工番を整理できるのではないでしょうか。

「最初の商品があったから、その資金で2つ目の商品が生まれ……」というように、どの商品も会社の基礎・土台を作ったものなのです。

スピードアップ！

商品ラインナップについて、社内で話し合いませんか？

図17　商品を整理するときのポイント

数字だけで判断する
売れてないから
廃番だ
もっとやりようは
あるのに……
いい商品なのに……
「ニーズがあるか」
「リニューアルできるか」を見る
・今でもニーズがあるか?
・時代に合わせた
リニューアルは可能か?
・売上はどうか?

第2章

「資料」を減らしてスピードアップ!

14

資料を減らすと、会社が儲かるメカニズム

「緻密すぎる分析資料」はいらない

経営者や経理部の方から、「うちの会社の会議資料はこんな形で大丈夫でしょうか」「他の会社の会議資料はどのような構成ですか」「どのくらいのボリュームが必要でしょうか」という質問をよく受けます。

これらの質問は、「儲かっている会社は、緻密な分析資料がたくさんあるのではないか」「もっと精度の高い資料を作れる社員を採用する必要があるのではないか」という心理から出てくるものでしょう。しかし、私の経験上、儲かっている会社は、

●BS／PL
●前年対比

●前月対比
●部門別
●工番別（プロジェクト別）

本当に最低限、見る必要のある資料だけで経営管理しています。

なぜ資料が少ないのか？

儲かっている会社は、現場同様に経理も常に忙しい状態です。日常のルーティンワークが忙しいので、資料作成にさく時間も限られています。

ひと昔前は、会議資料を作る専任の社員を抱えている会社もありました。しかし、今はそのような余裕のある会社も減ってきています。多くは一般業務の傍ら、並行して資料作成を行っているものです。

当然、限られた時間内で工夫し、会議資料を役員会に間に合わせる方法を考えるわけです。そうなればおのずと、「必要最低限の情報が満たされている資料とはどんなものか」を社員みんなが考えるようになります。

多すぎる資料の弊害

経営者の立場からすると、「分析資料を増やせば、よりよい経営判断、そして社員との議論ができる」と考えがちです。しかし実際は、特に大人数での会議となると、資料が多すぎることによる弊害のほうが多いのです。

まず、資料すべてに目を通したり、1つひとつの内容を理解したりすることに時間がかかります。高度なレベルの資料が入っていると、全員が理解しているとは到底思えません。ところが社員は「わからない」とは言えません。

一方、利益が出ている会社の共通点は**「全員が理解している共通言語、共通数字を使って意思の疎通をはかっている」**ことです。

会議の資料も「シンプル、簡単、少量、でも必要最低限のものは満たされている」のがベストであり、それが儲かる会社の会議資料なのです。

赤字になったり、数字が落ちてきたりすると、「うちの会社は分析資料が足りないのではないか」と焦ってしまう気持ちはわかります。でもそれは逆です。あまりにも多い資料に現実のほうが引っ張られて、身動きがとれない状態になりがちです。

資料を作るために仕事をしているのではなく、仕事をした成果が資料になっていることを忘れてはいけません。自信を持って、一部の人にしかわからないような複雑な資料は減らしてください。

赤字を引き寄せる「魔の資料」とは？

以前は効果がありましたが、今の時代では避けたほうがよい資料の典型は**「営業社員100人全員の売上順位リスト」「営業店舗100店全店舗の売上順位リスト」**です。

一見競争心を煽《あお》るようでいいように見えますが、今の時代は逆効果です。最下位の営業社員、店舗を「さらし者」にして、その人たちが奮起する時代ではありません。それは、「君が辞めても、いくらでもうちに入社したい人はいるんだよ」という時代の話です。その時代であれば、「せっかく入社したのだから」という気持ちで奮起した場合もあったでしょう。

しかし、今は**人口減に転じて人手不足の時代**です。最下位の社員が「屈辱です」「ついていけません」と言って辞めた後に、すぐに人は入らないのです。そうすると自動的に、翌月は99位の社員や店舗が最下位となり、「さらし者」になります。同じように自尊心を傷つけられて辞めていきます。

企業規模や売上も少しずつ減少していくので、優秀な社員や店舗にしわ寄せや負担がいくようになり、会社全体が重苦しい空気になっていきます。そうなると、負のスパイラルが止まらなくなります。**本来辞められると困るような優秀な社員が、今度はいい条件の会社に転職し始めます。**おのずとさらに売上と利益も減ります。「余計な資料」は、事務方の作業時間も費やすうえに、売上や利益をも減らしかねないのです。

売上順位リストを作るなら？

どうしても役員会でその資料を披露したかったら、最大上位10位までにする。あるいは、全員分の指標を披露したければ、営業部だけの会議で披露する形で十分です。**下位の社員や店舗はさらし者にせず、直接マンツーマンで個別に実務指導する**ほうが数字の改善が見込めます。

スピード
アップ!

会議資料が多すぎませんか？

Column

社長が「数字」を押さえておくべき理由

その理由は次の2つです。

①赤字にしないため

②外部の第三者から聞かれるため

赤字にしないため、というのは言わずもがなでしょう。

問題は2つ目の外部から尋ねられるという点。これは、銀行や投資家から「なぜ」を繰り返し質問されるからです。

黒字の原因は何だと聞かれたら、経営者なら想像して答えられるでしょう。また、黒字の要因は1つではなく、いくつもある可能性があります。尋ねる側も、ある程度の理由が把握できればそれほど深追いはしません。

しかし、赤字の場合は別です。確実に「数字が下がった客観的な理由」があるからです。

人件費が増えた、競合他社に顧客が流れた、クレームが増えた。さまざまな理由が必ずあります。それを外部の人が質問をして、経営者が答えられない場合、外部の立場からすれば、「経営者が会社を正確に統括しきれていない」「こんな調子では黒字に立て直すのは無理ではないか」という印象を抱きます。そのように思われないように、経営者は悪い数字の原因は何であったのか、それは改善の余地があるのか、あるとしたらどうすればよくなるのかを具体的に知っておくべきなのです。

15

資料作成の基本は「増やす」ではなく「絞る」

「議論したい数字」だけを入れる

資料は会議の議論を活発にするための「サポート役」という前提を忘れてはいけません。会議に直接関係のない数字は削りましょう。

もし、会議の本題に関係のない数字が残っていて、その数字を見た社員から質問が出ると、本題と関係のないテーマで議論が始まってしまい、会議も間延びします。

例を挙げます。人材紹介会社を通して社員を採用したら、その人の年収の約30％を手数料として支払います。これはPL上も目立ちますので、「この手数料の300万円は何ですか」という質問が出やすいのです。そして「こんなにお金をかけて採用したのに、あの人、いまいちじゃない？」「他の人はいくらだったの？」と脱線していくのです。

資料が多すぎることの弊害は他にもあります。経営者としては「ここを見てほしい」と思っていても、みんなは全然別の数字を見ていることがあるかもしれません。

例えば経営者が、営業利益の分析について説明している間、営業課長は自分の課の売上順位が何位だったかを見ていて、社長の話や他の部長の発表も右から左になっていることもあります。

その会議で「本当に理解してほしい数字、議論したい数字は何か」を念頭に置いて、資料を作りましょう。

増やすのではなく、「絞る」という発想が、資料作成には重要なのです。

会議の目的は何か。議論すべき数字、問題は何かを明確にしましょう。

例えば、ＢＳ／ＰＬなども本当に正式なものは別に保管しておいて、現場も入る会議であれば、不必要な部分を省くのも手です。

無駄なものは極力排除することで、本当に必要なものに集中できる環境にする。そうすれば、会議も資料に誘導されて、そのテーマについて十分な議論ができるようになるでしょう。


スピードアップ！

「関係ない数字」が資料に入っていませんか？

16

資料の上限枚数をあらかじめ決めておく

スピードアップに加え、「質の維持」にも役立つ

会議資料の枚数を増やさずにすむ一番簡単な方法は、枚数の上限をあらかじめ設定することです。「何枚以上には絶対にしない」と決めてしまうのです。

例えば役員会のような定例の会議であっても、新たに必要とされる資料が出てきたら、その分何かを削るのです。

そうすれば、資料を作るほうも時間を増やさなくてすみますし、会議も大切な項目だけに集中させることができます。**「何かを得るには何かを捨てる」**という考えがスピード維持の秘訣です。

しかし、「ではBS／PLを削りましょう」では話になりません。削っていい資料と削ってはいけない資料があります。例えば、資料を上限10枚と決めたら、

Ａ：絶対になくてはいけない本題の資料……３枚
Ｂ：絶対ではないが、本題の補助をする副次的な資料……３枚
Ｃ：その時々で必要な課題解決に関する資料……４枚

このように中身を分類して、必要に応じて枚数を決めていけばいいのです。

例えば、各部門長、支店長が集まるような会議で考えてみましょう。

Ａは会社全体のＢＳ／ＰＬや予算の達成率。

Ｂは各部門別、各支店別の成績や分析、今後の見通し。

Ｃは春のキャンペーン対策、あるいは結果報告、新規事業について。

このように、その時々の一番大切なトピックを取り上げるように分類します。

そして、Ａは３枚、Ｂは３枚、Ｃは４枚というように取り決めて、その中で入れ替えの検討や工夫をしていくのです。

上限がないときに起こる2つの問題

なぜ上限を決めたほうがいいのか。それは単純に作業時間を短縮するためだけではありません。「質」の問題もあります。上限がないと、次のような問題が起こります。

・「データが大量にあるから、全部載せてしまおう」と、整理せずに資料を作る

・出すべきか出さざるべきか悩む程度の資料を、「出さないと怒られるかもしれないから、とりあえず出そう」と、会議の一部の参加者にしか関係のない資料を添付する

そうすると資料自体も膨大な量になりますし、会議自体も間延びします。自分に関係のない議題や資料ほど、会議中に退屈なものはありません。集中力も欠けてしまいますから、会議や資料の「質の維持」という観点からも、上限を設定すべきです。

その工程で、「どのデータが一番会社にとって大切なのか」も見えてきます。作成者本人も全体のデータの中からどのデータに注意を払えばいいかを理解し、仕事のスピードや効率も上がるようになります。

会社の課題を「見える化」する方法

また、前述の例であれば、Cの部分で取り上げてほしい資料を社内で公募してもいいか

もしれません。各社員や各部門で、競い合って資料案を出し合えば、競争心も芽生えます。たとえ本会議では取り上げられずに落選したものでも、経営者にとっては「自分の会社にはこれだけの課題がある、実態がこうなっている」ということを知ることができ、非常に有益です。

「いつでも社長室に来ていいんだよ」と社長から言われても、優秀な人であれば、「自分レベルの悩みを社長に相談するなんて申し訳ない」と思って相談に行かないものです。また反対に、個人的な話を毎日社長室に相談に行ってしまう社員も出てきてしまい、「会社の課題の把握」ができません。

会社側も、少し知恵を働かせて、社内の課題をすくい上げていかなければなりません。

スピードアップ!

御社の会議資料は何枚ですか?

17

なぜ、新規の資料には「期限」を設けるべきか

思いつきで資料を増やさない

資料がいつの間にか増えていることがありますが、その原因を考えたことがあるでしょうか。それは会議で出た疑問を「資料」で解決しようとしているからです。**資料で解決しようとすると手間がかかり、スピードが落ちます。**会議で出た疑問はその場で解決することがスピード化の鉄則です。

例えば、社長が現場の部長に、なぜ外注費にこれだけの金額がかかったのかを尋ね、部長がうまく答えられなかったとします。すると「じゃあ自分が目を通すから、来月から外注費の支払先と金額、そして内容を書いた資料を毎月作ってくれ」と社長から指示が出ることになります。外注先が50社、１００社でもです。それだけで社員1日分の仕事量になるでしょう。

こうして増えていったあとに、私が「この資料の意味合いはわかりますが、全社会議に載せる必要はないと思うのですが」と言うと、「言われてみればそうですね。きっかけは何だった？」と、社長も現場も思い出せないことがあります。

社長や上席の方にオススメしたいのは**「期限をつけた指示出し」**です。思いついて指示した仕事は、フィードバックされたときに続けるのか、終わりにするのかを決めていかないと、膨大な量になってしまいます。

上司に指示された資料作りに対して、「もう不要なのでは？」と部下が思っていても、なかなか言えないものです。資料の課題について理解が全社的に浸透したら、言い出した人が「もう作らなくていい」と終わらせなければいけません。

「資料に頼る」ことの危険性

また、会社の課題をなんでも資料で補おうとすると、想像力が欠落していく原因にもなります。

「社長が各担当者に業務や数字の質問を随時していく会議」を思い浮かべてください。

社員は「社長にどんな質問をされるだろう」「社長はどのような数字をいつも気にして

いるか」と会議前にいろいろ想定問答を考えるでしょう。
これが逆に、「社長に何か言われたら資料を作ればいい」という風土だったら、社長からの質問を想定しないまま会議に入り、社長の質問には答えられない、また資料が増える。そんな悪循環に陥ってしまうのです。

残業中の社員に何をやっているのかを聞いてみると、上司や社長から言われた資料を作っているケースがとても多いのです。口頭で議論や説明をすればすむような資料が多いのですが、「上司の指示だから仕方がないですよ、ははは……」と言いながら資料を作っています。その人も早く帰って休んだほうがいいですし、残業代や職場の光熱費を考えると、膨大な資料作成業務は本当に会社にとって利益をもたらす作業なのでしょうか。

現場にも社長にも、経理の目線が必要なのです。

スピードアップ!

「どうして作ったのかな?」と思う資料はありませんか?

Column

赤字になると、社長の「思いつき」は増える

そんなバカなと思われるかもしれませんが、これは事実です。そもそも、なぜ社長が「思いつき」を言ってしまうのかを考えてみましょう。

いくつかの会社で、社長の「思いつき」に振り回されて部下が右往左往し、疲労困ぱいしている様子を見てきました。「もう少し物事を整理してから、指示を出されたほうがよいのでは……」。こんな思いを常に抱いていました。

しかし、独立したことで見方が変わりました。

社員が多くいる会社であっても、そう簡単に社員が「こんなアイデアがあります」と社長に報告するものではないのです。だから社長が「やはり自分が考えないと」という心理から、「思いつき」を繰り返してしまうとわかったのです。

これが黒字会社であれば、「思いつき」は思いつきのまま消えることのほうが多いのですが、赤字会社は別です。「売上をカバーしないと」「なんとかしないと」という社長の焦りは、どんどん「思いつき」を生み、そして実行されます。その後どういう結果を生むかは言うまでもないでしょう。

「思いつき」と「ひらめき」は違うのです。

「思いつき」を実行に移す際は、「根拠があるか」「社員全員を納得させられるか」ということを照らし合わせてください。

18

どんな会社にも「誰も見ていない資料」がある理由

会社も資料も進化するもの

私が会社員だったころの話です。会議用に1セット15枚の資料を作り、会議室の役員が座る場所に並べました。それからしばらくして、ふと自分の机の左端に目をやると、資料を1枚差し込み忘れていたことに気づいたのです。

時すでに遅しで、会議室の扉は締まっていました。「後から怒られるなあ……」と気になりながら2時間経過。役員が何事もなかったかのように会議室から出てきて、それぞれの仕事に戻っていきました。

戻ってきた上司の役員に、差し込み忘れた資料のことを告げると、「あ、本当だ」と言われ、「誰も気づかなかったから、大丈夫だよ」と言われたのです。

このことを「怒られずにすんだ」と喜んでいいのか、「誰も気づかないような資料を作っている自分の仕事はそもそも必要なのだろうか」と思うべきなのか、少し考え込んでしまいました。

このように「誰かが必要だろうと思って惰性で作っていて、実際はもう誰も必要としていない資料」がどの会社にも必ずあるはずです。

なぜこんなことが起こるのか。それは、**会社も時代と共に「変化」している**からです。最初からまったく必要ない資料が作られることはなく、その時期の会社にとって必要な資料が作られたはずです。

しかし、必要でなくなったものについて、「とりあえず残しておこうか」とそのままにしておくことが多いのです。

それが積み重なると、「本当に必要なものは5～6枚で、特に必要ではない資料が10枚ある」ということにもなりかねません。定期的に**「この資料は必要か、誰が見ているのか」の確認**をオススメします。「社長が見ていると思いまして」「君たちには必要じゃないのか」と、互いに必要のない資料が脈々と受け継がれているかもしれません。

そんな資料をカットできれば、資料作成担当者のモチベーションも下げずにすみますし、時間の効率化も図れます。

社員が30人くらいで、部門が10部署ある会社を考えてみましょう。

各部署に2~3人しかいないのに、部門別損益計算書が合計10枚も資料に添付されていても、費用項目まで細かく目を通す人は少ないはずです。

であれば、10部署分の売上高、売上総利益、営業利益だけを抜き出して1枚の資料にまとめたほうが目を通すでしょう。これで資料も9枚削減できます。

赤字続きの会社なら、経費節減の名目で、旅費交通費や交際費を含む「販売費及び一般管理費」の明細をもとに、どの経費を節減できるかなどを議題にするでしょう。しかし、節減し尽くして黒字に転じた場合は、それらの資料を見ても意見は出てこなくなります。

その場合、いったんその資料作りは終了させ、今度は取引先別の売上高、利益率のリストなど、売上や利益に関する資料を代わりに充実させるのです。そうすれば、「赤字でなくなったから、自分たちの課題はクリアできた」ではなく、**「黒字には黒字の課題があるのだ」**ということを、社員も改めて気づくはずです。

すると、「どうやってさらに売上を伸ばそうか、利益率を改善しようか」という議論が生まれ、実践・フィードバックという好循環が生まれるのです。


スピードアップ!

「誰も見ていない資料」はありませんか?

図18 「誰も見ていない資料」は削る

御社の会議室でも、
こんなことが起きているかもしれません

19

A3資料は会議の質を落としてしまう

情報量が多すぎて、作成も大変！

会社員時代、たくさんの資料を作りましたが、A3サイズの資料にとても手こずった記憶があります。膨大な数字データがあるので、とにかくチェックが大変でした。具体的にはこうです。

・スミのほうの％の比率の欄が抜ける
・計算式の分母が違う
・印刷したら、文字が大きすぎたり、小さすぎたりする（パソコンの画面上は数字がきちんと表示されているのに、印刷すると「＃＃＃＃」となる）

なぜか、主要な数字とはあまり関係のないところで苦労したので、ずっとイライラしていました。

そこで考えました。会議で**Ａ３サイズの資料を使うのを禁止**してはどうかと。

Ａ３サイズの資料の問題点

Ａ３サイズにしか収まらない資料は、経理でも間違いを見落としてしまうくらいの情報量です。実際のところ、参加者全員まではその資料を読みこなせていません。

また、Ａ３サイズだと、端から端まで一目で見ることができません。どうしても左右どちらかの資料の一部が視野から外れてしまいます。

資料を作る人が間違えやすいのも、これが原因です。実際に見せられる側も、見るのに精一杯で、意見を出す前に会議が終わってしまいます。

結局、会議が終わって、デスクに戻ってからじっくり見ることも多いのです。

会議は議論がメインで、資料はあくまでもサブです。

資料が主役になってしまうと、資料にかじりついてしまい沈黙してしまいます。これでは一堂に会する意味がありません。

１枚の表に「あれも」「これも」と欲張って入れてしまうと、読みにくいこともありますが、数字のチェックもしにくいのです。

さらに、１つ間違えると他の数字にも連動し、間違った数字になってしまい、作成、チェック時間も余計にかかるのです。もし、Ａ３サイズの資料があれば、Ａ４に絞り込めないか、検討してみましょう。

A3サイズの資料をA4サイズにするコツ

できるところからでいいので、次の４つを試してみてください。

- ●項目を集約する（給与、社会保険料などは、まとめて「人件費」に）
- ●無理やり12カ月分を入れようとしない（もし入れるなら、2段表記にして、見やすくする）
- ●数字の桁数を1000円単位から100万円単位にして減らす
- ●順位づけするものはすべて載せない（上位5～10位までとし、それ以下は「その他」として集約）

「この項目は残すべき」「これはなくても大丈夫」と互いの意見をぶつけていけば、今まで互いに表をどう見ていたかもわかりますし、集約ポイントも見えてきます。全員が必要ないと思った箇所は削除して表を縮小していき、最後にＡ４に収まる形にしていきます（104〜105ページ参照）。

そのようにすれば、作成もチェックも閲覧も分析も、Ａ３資料よりもスピーディにできます。

スピードアップ！

社内にＡ３の資料はありませんか？

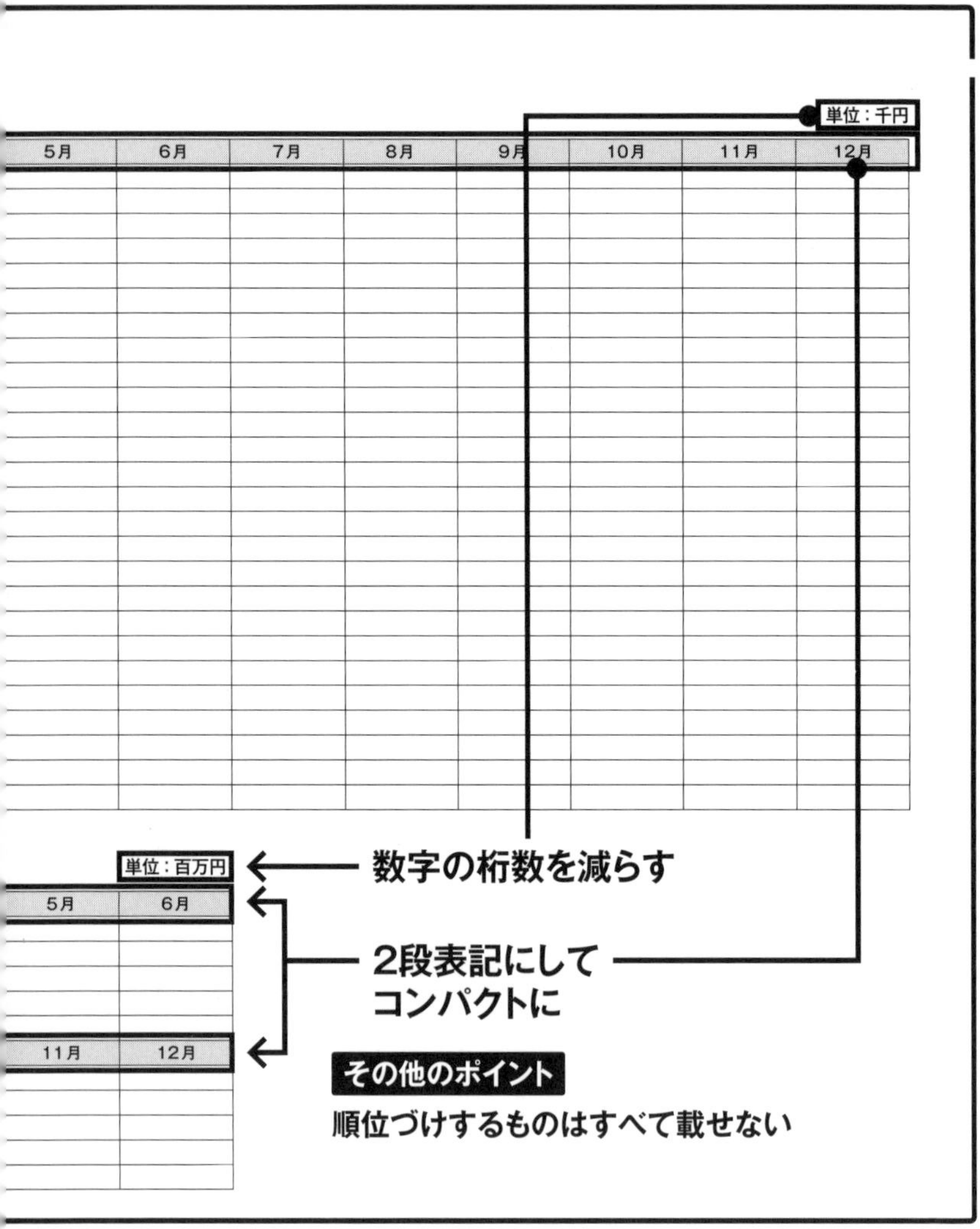

単位：千円
5月
6月
7月
8月
9月
10月
11月
12月
単位：百万円
5月
6月
11月
12月
数字の桁数を減らす
2段表記にして
コンパクトに
その他のポイント
順位づけするものはすべて載せない

図19 A3資料をA4にするコツ

販売費及び一般管理費	1月	2月	3月	4月
役員報酬				
給料手当				
賞与				
法定福利費				
人件費計				
地代家賃				
減価償却費				
修繕費				
水道光熱費				
物件費計				
福利厚生費				
消耗品・事務用品費				
広告宣伝費				
旅費交通費				
荷造運賃				
通信費				
租税公課				
交際接待費				
その他				
その他（変動費）計				
支払報酬				
保険料				
リース料				
その他				
その他（固定費）計				
販管費計				

項目を集約

販売費及び一般管理費	1月	2月	3月	4月
人件費計				
物件費計				
その他（変動費）計				
その他（固定費）計				
販管費計				

販売費及び一般管理費	7月	8月	9月	10月
人件費計				
物件費計				
その他（変動費）計				
その他（固定費）計				
販管費計				

20

「気づき」がある資料は、「ここ」が違う！

発見、感動、驚きの観点を

「よい資料」とはどのような資料でしょうか。

答えは、**「自然と発話を促すことができる資料」**です。

その資料を見て、知らなかったと驚きがあったり、各々が感想や意見を言い合えたりする「気づき」がある資料とも言えます。

各部署の経営分析に関して、具体的な数字の根拠がなく「我々のがんばりが足りなかったから予算未達でした」とか、「部署一丸となってがんばったので予算を達成しました」という**精神論で固められた資料は、それ以上質問のしようもありませんし、参考にもなりません。**

一方、資料の中に「新規受注先A社を獲得し予算を達成」「発注先をB社からC社に替えてコストが減り、利益率が上がりました」というコメントがあればどうでしょう。

「どうやって、A社を獲得できたの？」

「A社にコネクションがあるならうちの部署も紹介してほしい」

「C社はどうしてそんなに安くできるの？」

「そんなに利益率が改善されたなら、全社的に今の発注先の選定方法のワークフローを見直してみたらどうでしょう」

こんな建設的な議論が生まれるでしょう。これが「気づき」がある資料です。

「気づき」が生まれる資料とは？

気づきが生まれる資料の代表格は**「取引先別の売上・利益率」**と**「プロジェクト別の売上・利益率」**です。

経営者や営業社員は、まず売上に目が行きます。売上の大きい取引先ほどいいという認識があるためです。

ところが「利益率」を見ると、ほぼゼロに近い案件も出てきて、どの経営者も「いったいどうなっているのか」と驚きます。

「気づき」を利益に変える

なぜこのようなことが起こるのでしょうか。

売上の大きいクライアントであっても、力関係で、単価を他社に比べて値引きさせられたり、人手が多くかかったりして、利益率が押し下げられてしまうことがあります。

また主力サービス・商品部門では、人員がそこに固まりすぎて人件費が膨れ上がり、ときには赤字になってしまいます。

こうした指標は、全社員にとって「気づき」があります。

そこで初めて、「取引先との交渉の仕方、つき合い方の見直しをしないといけない」「今の社内体制を改善しないといけない」という気運が生まれます。

「ふーん」で終わる資料はいらない

つまり議論のサポートになる資料が「会議にとって必要な資料」なのです。

逆にみんなが「ふーん」と言うだけでなんの質問も感想もないような資料は、会議の場には必要がないのです。

前述の取引先別、プロジェクト別売上・利益率の資料にしても、改善後、ほぼ平均的な利益率になったら、新たな気づきはありません。卒業させて、違う課題に基づいた資料に差し替えます。

会議には制限時間があります。**議論が生まれない資料は省略し、意見がどんどん生まれる資料を中心に置きましょう。**

毎月の定例会議なら、「2カ月続けて、誰からも質問や意見が出ない資料は削る対象にする」という社内ルールを設定しましょう。

スピードアップ!

その資料で、気づきのある会話が生まれていますか?

21

「資料がたくさんある＝がんばっている」という評価をやめる

「がんばり」にだまされるな

資料が減らない理由の1つに、「資料がたくさんある＝がんばっている」と誤解しているケースがあります。

「他の部長が資料を5枚作っているのに自分が3枚だったら、社長にはがんばっていないように映るのではないか」と思い込んでいるケースもあるでしょう。

そうするとどうなるでしょうか。

資料作成に歯止めがかからず、お互いに資料の枚数を競い合うようになり、資料だらけの会社や会議になります。

それが果たして会社にとってプラスに作用するでしょうか。

資料作成は「楽」な仕事？

資料作成が大量にあると大変そうに見えますが、ある意味「楽」なのです。最初は頭を使いますが、２回目からはフォーマットが同じなので、繰り返しの作業だからです。

時間はかかるけれど頭は使わなくていいので、ただ資料作成に追われているほうが、他の仕事よりも楽な面もあるのです。

ただ、それでその人のスキルがアップするのかというと疑問です。頭を使わないと成長しません。最低限の資料は必要ですが、自分の評価を上げるためだけの利己的な資料は一切不要です。

スピードアップ！

資料の多さを競い合ったりはしていませんか？

第3章

「ルーティンワーク」を改善してスピードアップ！

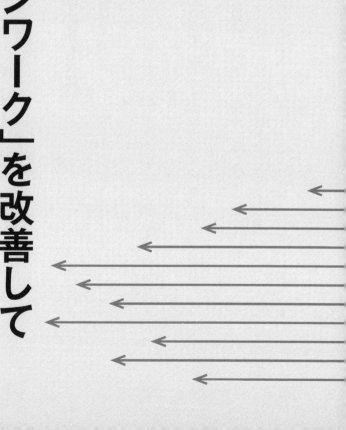

22

経理資料の基本は「外見はそこそこ、中身はさすが」

一番大切なのは「数字の正しさ」

資料の見た目は、ある程度重要です。

ただし、凝りすぎは禁物です。

資料の見た目や美しさばかりに労力をさく人は、中身のチェックがおろそかになるケースが多いからです。

職場にAさんとBさんがいます。資料作成に1時間かけていいとし、2人は次のように資料を作成しました。

Aさん：資料作成……30分、**内容チェック……20分**、見た目……10分
Bさん：資料作成……30分、見た目……25分、**内容チェック……5分**

2人とも資料作成は30分で終わりました。その後、Aさんは内容チェックに20分、見た

目に10分でしたが、Bさんは見た目に25分かけたあと、時間がないことに気づき、内容チェックは5分しかできませんでした。

その結果、確かに見た目の印象はBさんの資料のほうが華やかで見やすいものでしたが、きれいな資料にもかかわらず数字が間違っていました。

フォントや書体、罫線にこだわりすぎて時間を浪費してしまい、内容チェックがおろそかになったのです。

Aさんの「資料作成→内容チェック→見た目」に対し、Bさんは「資料作成→見た目→内容チェック」になっています。言うまでもなく、Aさんの手順でやるべきです。

経理資料は、記載されている数字が正しいことが大前提で、そのチェックを犠牲にしてまで華やかにする必要はありません。時間が余ったら、見た目に凝ればいいのです。

こんなミスにご注意！

もう1例、ある会社の話を挙げます。時間をかけてカラフルな資料を作ったはいいものの、「カラー印刷はもったいない」という上司の方針で、結局会議では白黒印刷の資料を使うことに。しかも、「色づけしてある部分が濃すぎて、数字が読み取れない」と言われてしまったそうです。

本来の「正しい数字を見る」という目的から逸脱し過ぎてしまうと、せっかくの努力もムダになってしまうのです。

「見た目」には際限がない

「凝る作業」は、時間がいくらあっても足りなくなるので、最後にすべきなのです。

先ほどの例では1時間という制限がありましたが、もし制限がなかったら、Bさんはもっと見た目に時間をかけていたでしょう。

あまりにひどい見た目の資料を作る社員もいるので最低限の体裁は必要ですが、必要以上に凝り出すと、経理の本質を見失います。

経理資料は、**外見は「そこそこ」**で、**中身は「さすが」**が基本です。

そのうえで余裕があれば、さらに外見を磨いていけばいいのです。


スピードアップ！

「見た目」にこだわる社員はいませんか？

内容チェックよりも、
見た目に凝りすぎると……
カッコいい
資料にしよう……
・書体に凝りすぎる
・レイアウトに凝りすぎる
・色に凝りすぎる
その結果……
数字が
違うじゃないか!
白黒にしたら
読めないぞ!
?
内容チェックがおろそかになりがち

図20　資料の見た目に凝りすぎていいことはない

23

資料作成時間をあえて制限するメリット

ダラダラ仕事を生まない工夫

資料作成で注意すべきは、経理社員に限らず営業社員も含めて、「本業の時間を費やしてまで、資料作成をしない」ということです。

その工夫として、「定例会議の資料は、経理は2日以内、経理以外の部署は半日以内に作る」と時間を制限するのも有効な手段の1つです。

時間制限により、その中で作成可能な資料は何か、短時間で準備できる方法がないかを考えるようになります。そのような視点が効率アップには不可欠なのです。

スピードアップ!

それぞれの資料にどのくらい時間をかけていますか?

図21　資料作成の時間を決める

A資料：1時間
B資料：半日
C資料：1日

メリット

- 資料作成の時間が大幅短縮
- ダラダラ作業がなくなる
- 「限られた時間で何ができるか」の発想が生まれる

24

会議のマンネリを打破する意外な方法とは？

こんな「抜き打ち」もオススメ！

会議のマンネリ化は、資料のマンネリ化によって生まれます。いつも同じ資料、同じ体裁では、参加者が受け身になり、「お客様状態」になってしまうのです。

そうなると緊張感もなくなり、ひどいときには「この資料は読みにくい」「もっとこうした数字はないのか」と、本来の主旨が何も話されずに終わってしまいます。

ですから、そんな会議資料ではなくて、季節ごとに衣替えしたシンプルで時節に合った会議資料にすべきなのです。

機会があれば、会社全体のＢＳ／ＰＬだけ配って、社長から**「この数字だけを見て、うちの会社の問題点と改善提案を１人３分でプレゼンテーションしてください」**と言ってみましょう。

そのような「抜き打ち」で、普段の会議を本当に聞いているのか、それとも社長の言葉を右から左へ聞き流しているのかがわかります。

会議のメンバーはどうしても固定されがちなので、メリハリをつけるには、資料がマンネリ化しないようにします。

- 手間がかかっても毎月知りたいもの↓BS／PL、前月対比、前年対比数字など
- すぐ算出できるなら知りたいもの↓部門別、商品別数字など
- 一応参考程度に知りたいもの↓個人別数字など
- 3カ月に1回、年に1回わかれば大丈夫なもの↓同業他社数字など

このように、今作っている資料をカテゴリー別にして、ケースバイケースで資料の作り分けをしてみましょう。

スピードアップ！

その会議資料、毎月必要ですか？

25

今すぐ、会議資料の読み上げをやめる

もっと議論に時間を割くべき

会議の際の資料の読み上げは不要です（参加者の中で視力の弱い方がいる場合は除く）。どうして「売上高○○円、売上総利益○○円、営業利益○○円……」と毎回読み上げる必要があるのでしょうか。

社内会議は記者会見とは違うので、「資料を見てください」のひと言ですみます。売上や利益額は百歩譲って認めますが、部門ごと、支店ごとの数字を読み上げてはいけません。

こんな「ごまかし」も生まれる！

もし支店が10あったら、10人の支店長が、1人1分読み上げただけで10分経過します。

10分は意外と長いもの。その時間のロスは大きいのです。

私は、**成績の悪い部署の部長や支店長が、資料の読み上げに終始し、質疑応答を短くして社長や役員からの数字の突っ込みを切り抜けようとする**場面をよく見てきました。

でも本来は、一番議論すべきはその部分です。そこを突っ込まずして、儲かる会社になりようがありません。

悪い数字を吐き出したら社長から叱責されるかもしれませんが、一番大切な部分をごまかしても何も改善されません。

数字やコメントの読み上げをやめれば、より多くの議論ができますし、逃げ場がなくなれば、部長や支店長も事前に対策案を考えて会議に出るでしょう。そうすれば、より利益を生む体質に変われるのです。


スピードアップ!

読み上げにどれくらい時間がかかっていますか?

26

忙しいときほど、会議資料は事前配布する

見すごせない2つのメリット

会議資料は社内メールで配布したり、社内サーバー内に保管したりして、各自が事前に目を通したうえで会議に参加してはどうでしょうか。これには2つのメリットがあります。

まず、**会議の効率が上がります。** 資料の内容を知らないまま集まっても、ムダな時間がすぎるだけ。せっかく忙しい人たちが集まっているのに、沈黙して資料を読んでいるだけというのは、もったいないです。

もう1つは、**会議資料の質が上がります。** 事前配布をしておけば、参加者が訂正箇所を見つけ、事前に知らせてくれることもあります。

経理の集計が合っていても、現場担当者が、高額な売上や費用の請求書の申請漏れをしていることがあります。

現場の部長レベルであれば、予算は頭に入っているので、資料を事前に見ることで、「あれ、こんなに売上少なかったっけ？」とか、「こんなに利益が出てしまって大丈夫かな」と気づき、すぐ確認することで「1000万円の売上の請求書が漏れていた」「500万円の支払請求書が担当者の引き出しに入れっぱなしだった」というミスがわかります。

この場合、前日にその部分を直し、会議当日に「昨日、○○部で修正が入りましたので、今の数字が正しい数字です」と説明すればいいのです。

もしそうではなく、会議中に間違いに気づいたら、「500万円も利益がズレているから、この資料をもとに議論しても意味がない」ということになりかねません。

経理と現場でダブルチェックをして、完璧な資料を作ったうえで会議に臨みましょう。

会議の開始時間ギリギリまで資料作成をすると、会議中に内容の間違いや記載漏れを指摘されやすくなります。

余裕のあるスケジュールで臨みましょう。

スピード アップ!

当日、バタバタと資料を作っていませんか？

27 経理と現場で「揉む」習慣をつける

会議資料がどんどんよくなる方法

会社によっては、経理で作成した月次決算の資料に、現場サイドの原因分析のコメントを載せたうえで、会議資料にするところもあります。

現場と経理で「揉む」作業は、非常に重要です。特に現場の管理職クラスは、難しい用語は覚えなくてもいいので、**「これくらいの売上や費用だと黒字になる（赤字になる）」という数字の肌感覚は身につけるべき**です。

その肌感覚は、優秀な経理社員と実際に話し込んでいかないと身につきません。経理部がない会社や経理が事務処理しかやっていない会社では、その代役は社長がすべてやっているはずです。

これが、社長が疲弊する最大要因です。優秀な経理社員がいれば、社長の疲れも大幅に減るのです。

「揉む」という作業は、経理から現場担当者へ、こまめに情報をフィードバックしながら肌感覚の数字の掴《つか》み方を伝えるものでもあります。いわば経理は、コンサルタントの役割を代行しているわけです。

どのように揉めばいいのか？

基本は**「経理と現場で一緒にミーティングをする」**ことです。

経理側は、指標の説明、分析の仕方、コメントの書き方、伝わりやすい発表の仕方などを伝え、現場側は、実際の現場の稼働状況など、数字だけではわからない部分を伝えます。

すると、自然と分析にも深みが増していきます。

この際、いくつか注意点があります。

数字がよかった場合は、「みんながんばってくれました。以上」ではなく、社員がいつどのように稼働した結果、どのように数字がよくなったのかなど、具体的なプロセスまで落とし込むことです。

反対に数字が悪かった場合は、「今月は部署一丸となってがんばります」ではなく、具体的にいつ誰がどのように行動するかを添えるようにしましょう。

そうすることで、役員から叱責される可能性も低くなり、会議参加者からも客観的な立場で的確で具体的なアドバイスやアイデアももらいやすくなります。

会議資料に添えるべきコメントは？

私が指導したときは、**「会社の利益が出るようになるコメント」「現場が怒られることなく努力が評価してもらえるコメント」「経営者がストレスを溜めずに気分よく進行し、的確な指示や経営判断もできるコメント」**とは何かを社員たちと考え、文例を作りました。

それを何回か繰り返していけば、コツをつかめ、会議資料もよくなります。

スピード
アップ!

経理と現場でコミュニケーションがとれていますか？

Column

用語はバラバラ?

ある会社の人からこんな話を聞きました。

役員が「税引前当期純利益」のことを「税前が……」と省略して話していたそうですが、聞いている社員の一部は「商品に消費税をかける前」のことを「税前」と認識していたそうです。これは少し極端な例ですが、それくらい経理は、基礎を知らない社員とでは会話が成立していないことが多々あります。

もう1例挙げます。転職して入社してきた方に「予算についてご説明しましょうか」とおせっかいで言ったところ、「そんなことはわかっている」と怒られたことがあります。

しかし、実際の予算作成の段階になって、その人が認識していた予算というのは、ただ自分の部署の売上とその商品に係る直接的な原価のことだけでした。人件費や経費のことは頭に入っていなかったのです。私の言う予算は当然後者のことですので、その相手に再度「予算の作り方」について指導しました。「予算」という日本語でも、それぞれが違う認識でとらえていることもあるのです。

第4章

「経理作業」をスピードアップ！

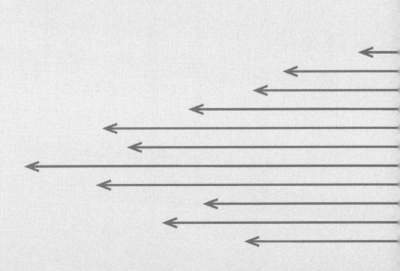

28

エクセルシートを会計データに流し込み効率化！

作業が速く、しかも間違いがない

月次決算資料や小口現金の出納帳など、会社で管理している経理資料の多くは、エクセルなどの表計算ソフトで作られています。

一方で、近年の会計ソフトは、ほとんどのデータをエクセル形式でダウンロードできます。

多くの会社は、会計データ上のＢＳ／ＰＬ、そして部門別の数字を、会社管理のエクセルに転記したり、その逆に、エクセルで作成した小口現金の履歴を見ながら、もう一度会計データに同じものを入力したりしています。

こうした**「二度打ち」の手間を省く**ために、会社で管理するエクセル資料の全フォーマットを、会計ソフトに連動ボタン１つで取り込めるフォーマットに変えましょう。そうすれば、一気に作業時間を短縮できます。

実際にやってみよう

小口現金の場合、まず会計ソフトの仕訳データをデスクトップなどにエクセル形式でエクスポート（ダウンロード）します。その形式を利用して、社内管理用の小口の出納帳を作成します。そして出納帳に1カ月分の記載が終わったら、会計ソフトにインポートしてデータを取り込みましょう（135ページ参照）。

その後、念のために会計ソフト内の小口現金の残高を確認して合致していれば、小口現金のデータ処理は終わりです。これまでのように、多くの明細データを二度打ちする必要もなければ、打ち損じもなくなります。チェック作業においても、残高を確認したら、あとは目視でざっと明細内容を確認すれば終わりですので、さらに時間も短縮されます。

このように、入金、支払など、会社の管理資料のフォーマットをできるものから1つずつ会計ソフトに連動して取り込めるように変更していきます。

ここで注意点が1つあります。会計ソフトによっては、PLの項目（旅費交通費、消耗品費など）に関して、消費税を分けて入力しないと取り込めない形式のものがあります。

それを1つひとつやると、二度打ちしたほうが結果的に速いこともあります。

そんなときは裏ワザとして、「仮払金」のようなBS科目のコードでいったん記載して、データを取り込みます。そして、会計ソフトの仕訳画面に入って、科目を仮払金から旅費交通費や消耗品費などに直していくのです。

私の経験上、**入力で一番手間がかかるのは摘要項目の入力、そして絶対に間違いや抜けがあってはいけないのが残高チェック**です。

速いだけでも正確なだけでもダメ。先ほどの裏ワザは「速く、かつ正確」という前提条件を満たすやり方です。

このように、自分を追い込んだ条件設定をして知恵を出していくと、効率的な処理方法が浮かびます。

一見「そんなに変わらないいんじゃない?」「結局打ち直すのだったら時間かかりませんか?」と思った方、一度やってみてください。

確実にこれまでより速く、正確に処理が終わります。


スピードアップ!

データの「二度打ち」をしていませんか?

図22　普段使う管理シートを会計ソフトと連動させる

❶
パソコン画面で会計ソフトの
「エクスポート」を選んで、
エクセル形式でダウンロード

❷
そのエクセルデータに
出納明細を入れる

❸
月末、パソコン画面で
会計ソフトの
「インポート」を選んで、
エクセルデータを取り込む

❹
念のためデータを確認

管理シートと、会計ソフトへの
二重入力が省略され、時間短縮。
転記ミスのリスクが減る

29

アルバイトでも簡単に作れるシンプル資金繰り表

本当に使いやすい資金繰り表とは？

ある程度の経験年数がないと、経理作業をしたり資料を作ったりはできないと思われがちですが、そんなことはありません。やり方によっては、今日入社した学生アルバイトでも簡単にできるのです。

経営者が会社の売上や利益と同じくらい気になる「資金繰り表」も簡単に作れます。フォーマットも会社ごとに違いますが、まだ資金繰り表自体がない会社であれば、次のように作成します。

3カ月分の資金繰り表を1シートで作成する場合、まず項目を「入金」と「出金」に分けます。そして次に入金を内容によって分けます。内容の最後に小計欄を設けます（139ページ参照）。

【入金】（例：各会社で自由にアレンジ可）

●売掛金、受取手形

●立替金、未収入金、受取利息、雑収入

●借入金

●その他

【出金】（例：各会社で自由にアレンジ可）

●買掛金、支払手形

●一般経費（未払費用、前払費用、自動引き落し、現金決済分など）

●給与、賞与関連

●借入金、支払利息の返済

●税金納付

●その他

最上段と最下段に、それぞれ前月預金残高と当月預金残高欄を作り、当月残高欄に「前月残高＋当月入金小計－当月出金小計＝当月残高」となる数式を入れていきます。

1カ月目の前月残高欄には、前月末の預金残の実数値を入れ、2カ月目の前月残高欄には、「＝（1カ月前の）当月残高」の数式を入れます。それを翌月分も繰り返します。これでフォーマットは完成です。

そして項目ごとに、入金予定、出金予定の合計金額を入れていけば、資金繰り表の完成です。どうでしょう。結構簡単ではないでしょうか。

半年分、1年分を作りたいということであれば、同じように半年分、1年分欄を作り、概算で金額を入れていけば簡単にできます。ちなみに、これを1日単位にしたい、10日単位にしたいならば、1カ月単位の箇所を直すだけで、同じようにできます。

オリジナル資金繰り表「2つ」のメリット

このような表にした理由は2つあります。1つは、入金予定金額の合計や納税金額の合計など、各項目の集計作業をいろいろな人に割り振れ、分業化できること。

そしてもう1つは、給与の合計金額など、個人情報、機密情報を扱える人と扱えない人が混在していても、それに応じて仕事を配分できることです。

給与関係の資料であれば、経理社員の中でも限られた人間しか情報や内訳金額を見られ

図23　資金繰り表作成例（3カ月分）

売上請求書以外の請求分などの入金予定を計算（2月、3月も概算で同額を入力）

2017年1～3月分資金繰り表
（2017年1月20日現在）

（単位：円）

	1月末	2月末	3月末
前月預金残高	30,000,000	27,700,000	23,500,000
＜入金＞			
売掛金・受取手形	12,000,000	8,000,000	14,000,000
立替金・未収入金・受取利息・雑収入	1,500,000	1,500,000	1,500,000
借入金		5,000,000	
その他			
小計	13,500,000	14,500,000	15,500,000
＜出金＞			
買掛金・支払手形	7,000,000	9,000,000	6,000,000
一般経費	2,500,000	2,500,000	2,500,000
給与・賞与	6,000,000	6,000,000	6,000,000
借入金・支払利息			5,500,000
税金納付	300,000	1,200,000	300,000
その他			
小計	15,800,000	18,700,000	20,300,000
当月預金残高	27,700,000	23,500,000	18,700,000

1月分給与明細（1月25日＝600万円）：
2月、3月も概算で同額を入力

ポイント

- **月ごとに入金予定、支払予定の合計額を集計して入力**
- **未確定のものは、前月の実績値、概算額を計上して入力**

ません。

一方で、社員の経費精算や通信費の請求書などは、今日から入社したアルバイトに内容を見られても差し支えはないでしょう。

1人で資金繰り表を作れないとき、アルバイトに、「経費精算の合計を集計して、資金繰り表のこの欄に入れて」と指示すれば、入社初日で簿記さえわからない人でもできるでしょう。

経理社員が数名いる経理部なら、このように**分業して、資金繰り表のフォーマットをサーバーに入れておき（資金繰り表の紙を印刷しておいて、それぞれ担当者が書き入れても可）、情報を随時更新**してもらいます。

また、資金繰り担当に、それぞれの集計者が各自メールなどで「報告」してもらい、特定の1人だけが資金繰り表に入力・管理して、今の資金繰り表がどれくらいの精度の最新情報なのかを把握するのもよいでしょう。

経理社員のレベルアップにつながる

このように分業することで、各社員が普段自分が取り扱っている申請書のどこに気をつけて作業しなければいけないのか、なぜ期日管理が大切なのかを、資金繰り表の作業を通して理解できます。

特に簿記の知識もまだない初心者には、難しい概念を座学で説明するより、**作業に「参加」してもらいながら、なぜ集計する必要があるのか、なぜこのチェックをするのかを説明する**ことで、社員教育の時間も大幅に短縮できます。

そして資金繰り表は、過去日付になったものから、結果数値を上書きして更新していきます。そうすれば、予測と実績の比較対比も感覚的に学べますし、何より過去の資金繰りの実績値が蓄積されていくので、銀行などから過去の資金繰りの実績値の提出を求められても、すぐに提出できます。経営者が今後の資金予測をするときの参考にもなります。

資金繰りは足し算と引き算の世界です。臆することはないですし、最後に責任者がダブルチェックさえすれば部下にどんどん任せていいのです。「集計＋入力」の繰り返しで簡単にすばやく資料を作ることができます。

スピードアップ！

どんな資金繰り表を使っていますか？

30

「入力」だけなら、誰でも1日で即戦力に！

知識ゼロの初心者に教える方法

これは実際にあった出来事です。

ある会社に専任の事務職の方が入社されたので、それまで私ひとりで代行していた会計ソフトの入力作業をその方に引き継ぎました。経理業務の経験は少しだけれど、あると聞いていたので、念のため10枚弱の処理マニュアルをお渡しして、簡単に説明し、「来週までにできるところだけでいいので進めておいてください」と伝え、その日は帰りました。

翌週行って会計データを開いてみると、1件もデータが入力されていないのです。

驚いてよくよく話を聞いてみると、販売管理ソフトから売上請求書を印刷したことがあるくらいで、「仕訳入力なんてとんでもない、やったことなどないです」と言うではありませんか。

それでは入力できなくて当然です。マニュアルには仕訳入力の方法も書いてあるので、その通りにやれば入力自体はできますが、初心者であれば、何かおかしな操作をして帳簿をメチャクチャにしたら大変だと思うでしょう。**最初は「一緒に」作業してあげないと、スムーズに引き継ぎをするのは難しい**のです。

1つひとつ、やりながら教える

当初聞いていた話と違っていたのでまいりましたが、数秒考え、**「今日は私が全部打ちますから、メモをとらなくていいので、ジッと私の入力作業を見ていてください」**と伝え、入力を始めました。まず簡単な領収書の現金精算からです。

（借方）事務用品費216円（貸方）現金216円（摘要）ペン代

「現金の精算の仕訳は、右が出て行くほう。右手で現金を出すと思ってください。今やっている作業はすべて現金精算ですから、仕訳の右側はすべて現金という科目を入れます」と伝えました。

次に「左の項目はその内容。ペン代だから科目は事務用品費を選びます。入力に集中したかったら、入力前に領収書に直接、『事務用品費』『旅費交通費』など全部書き入れてから入力を始めてもいいですよ。そして、金額を入れます。右も左も同じ金額です」。

このように説明し、実際に入力をする姿を見てもらいました。

その間に**「借方って左側ってことですか?」「内容は、どこまで詳しく入力すればいいんですか?」と、わからないところはその都度質問してもらい、回答します。**このやりとりを繰り返しました。

その日は同じように請求書や給与などの仕訳も私が打ち込んでいるのを見てもらい、いったん終わりにしました。そして次回までに、私のマニュアルをもう一度読み直しておいてください、と伝えて帰りました。

そして1週間後、再度訪問しました。

まず、現金払いの領収書を何枚か私が打った後で、その方にも打ってもらいました。

1枚目は全部手取り足取り入力箇所も教えて、2枚目以降は自分で入力してもらい、途中で詰まったら補助します。

すると、5枚目くらいからは、ほぼ入力だけならスムーズにできるようになりました。

私が訪問する前にマニュアルも読み直してくれたので、何をやっているかも理解してくれていました。

それで、本人に自信がついたなと思ったので、いったん会計ソフトを閉じて、会計ソフトを開くところから、もう一度入力画面までたどり着けるか1人でやってもらいました。数枚伝票を打ってもらって、その後残高を確認してソフトを閉じてもらいます。それで、現金精算については、自分で会計ソフトを開いて入力でき、最後に残高を確認してチェックをするところまではできるようになったのです。

これを同じように、買掛金扱いになる支払請求書の計上（仕訳の右側が買掛金になると伝える）や、家賃のような前払費用のもの（左側が前払費用になると伝える）を1つずつ教えていきます。

そうすると、細かい理屈はまだ覚えきれないけれど、「こう入力すれば正しい」という入力の仕方までは短時間でマスターすることができました。

「間違い」を経験させる

そして最後に「途中で、右か左かどちらに何を入れたらいいかわからなかったり、おかしな操作をしたと思ったら、とにかくエスケープキーを連打して、右上の『×』を押して閉じれば大丈夫です」と伝え、間違ってもいいのでやってもらいました。

私としては、何も入れないより、何かを入れてくれたほうが助かります。その人がどこまで理解できていて、どこから説明や指導が必要なのかが、一目でわかるからです。わからないところだけ指導すれば、短時間ですみます。

このように進めていったところ、翌月には、すべてのジャンルの仕訳をほぼカンペキに入れられるようになっていました。未払計上や給与の仕訳もです。

それらもマニュアルに入力の仕方が書いてありましたが、その内容をきちんと理解して、正しく入力していたので、むしろ私のほうが驚きました。

数カ月してわかったことですが、その方は、リスト作成など事務作業自体はとても速かったので、仕訳の入力方法さえわかれば、普通の経理社員より入力スピードは格段に速かったのです。

周囲のスタッフを眺めて「経理経験がないから」「スキルがまだ足りないから」と、すぐあきらめて自分で残業して処理するのはやめましょう。人手が足りないとき、時間が足りないときこそ、「人材をどう育てて戦力にしていくか」が問われるのです。

スピードアップ!

「自分でやったほうが速い」と思っていませんか?

Column

いじわる経理社員

若い頃、転職先で引き継ぎを受けたときに嫌な思いをしたことが何度かありました。

例外事項を教えてくれたり、例外の伝票は別にしておいてくれればいいのに、何も教えず、例外の伝票をわざと混ぜておいて、私が普通に処理をしたら「違う！」と１回１回大きな声で指摘をするのです。

私に能力がないかのようにアピールする人もいました。

また別の会社では、こちらが笑ってしまうくらいの「超」がつくほどの早口で説明するので、何を言っているのかわからず、メモもとれません。

それで「もう教えましたから」「さっき聞いてなかったんですか」と平然と言われたりしたこともありました。

若いときはなぜその人たちがいじわるをするかがわかりませんでしたが、今ならわかります。

後任者である私が、前任者である自分たちより「速く」仕事ができると、自分の存在価値がなくなってしまうと思ったのです。

それでわざといじわるをして、私が要領の悪い人のように周囲に見せ、「私は優秀だったんですよ。私が辞めたら後から大変なことになります」アピールをしたかったようです。

経理の世界も、きれいごとばかりではないのです。

31

過去のものは「随時」、未来のものは「ある程度まとめて」

作業効率アップのコツ

仕事をする際に、作業の順番を気にしたことはあるでしょうか。

大企業であれば、売掛金の入金チェックや買掛金の支払だけでも何千件、何万件とありますので、専属で売掛金の担当、買掛金の担当というように業務分けをしていることが多いでしょう。

一方、中小企業やベンチャー企業であれば、限られた経理担当者、あるいは1人だけで、入出金のチェックだけでなく、売上請求書の入力、振込データの作成、税金や公共料金の納付など、ありとあらゆる仕事をしなければいけません。

そんなとき、どのように作業を整理するのが効率的でしょうか。

ここでは、販売管理システムからの連動ではなく、すべての伝票を「手作業で入力する」と仮定した事例を紹介します。
仕訳入力の作業を、次のように分類します。

A：現預金の入金・出金の実績入力
B：売上計上
C：経費精算の計上
D：支払請求書の計上
E：その他（減価償却費、前払費用の振替処理など）

Aは随時、B〜Eはある程度、量がまとまってから作業をしたほうがスピードアップします。私は**A→B→C→D→Eの順に入力**していきます。
まず**Aの「現預金の入金・出金の実績入力」**です。これは時間が空いたときに随時入力をします。もし入金内容がわからないものがあったら、いったん「仮受金」で処理します。税金の納付など、支払項目で勘定科目を何にしたらいいか迷う場合は、「仮払金」で処理して、預金残高を合わせることを優先します。月末の現預金残が一致したところで、仮受金、仮払金に残っている内容を各所に確認します。

全社メールで「○月○日に株式会社○○から入金がありましたが、どなたかご存じですか」と調べたり、税理士に、「○○税の納付をしましたが、科目は何で処理したらよいですか」と確認します。そして仮受金、仮払金でいったん計上していたものを、正しい勘定科目に振り替えていくのです。これでまず現預金は確定です。

ちなみに現金については、件数や金額が少なければ、重要性や頻度を考慮すると1カ月まとめて入力したほうが効率的なこともあるので、状況に応じてルールを決めます。

次に**Bの「売上計上」**です。

売上計上は、随時計上されていきますので、売上の計上件数が数百件以上であれば、1週間おきなど定期的に入力したほうがいいでしょう。それ以下であれば、売上計上が確定したと同時に1日で入力してしまったほうが効率的です。

なぜ、「まとめて処理する」必要があるのか？

現預金に関しては、金種表や実際の通帳の預金明細残高など、会計データの残高とつき合わせができる資料があるので、もし1件でも仕訳の入力漏れや金額間違いがあったら、「1件入力が漏れたな」とわかります。

しかし、売上計上、そしてこれからお伝えする経費精算や支払請求書は、その合計金額をつき合わせる資料がありません。もし1件入力漏れ、金額間違いがあったときには、実際に入金があったり、支払があったりする翌月以降になって初めて、「先月、先々月の計上仕訳を間違えた」ことに気づきます。

だから、件数をまとめて一度に入力し、会計ソフトに入力した仕訳件数と売上請求書など、入力の元になった資料の枚数が一致しているかをチェックするのです。

そこが一致していれば、入力漏れはなかったことがわかります。それを絶対に怠らないことです。

そしてその次に、1件ずつ日付、取引先、金額などをチェックしていきます。

売上計上の処理を経費精算や支払請求書より先に行うのは、他のものより仕訳パターンが単純で入力しやすいことと、売上の速報値をどの会社の経営者も早く知りたがっているからです。また、自社内の努力で売上請求書は速く作れるので、経理も「待ち」の時間が少なく、経費精算や支払請求書より早くすべての請求書が揃うことが多いからです。

次に**Cの「経費精算の計上」**です。

経費精算は、タイミングとしては売上請求書の締めと同時期くらいですので、経理に回ってきたものからチェック、入力を始めてもかまいません。

また、毎週、あるいは半月に1回という締日を設定していたら、領収書のチェックが確定後、随時入力をしてもOKです。経費精算は会社によってかなり差がありますので、領収書の枚数に応じて入力頻度を決めていけばいいのです。

そして**Dの「支払請求書の計上」**です。

これを後ろにもってきたのは、先方が請求書を発行して郵送されてくるまでに、通常数日を要するからです。

入金済、支払済、引き落し済など過去日付になってしまったものは、まとまっていなくても、金種表や通帳残高といったつき合わせる資料があるので、随時入力し、チェックをしていけば速く処理できます。

一方、未来に支払や入金がある資料（売上計上、経費精算の計上、支払請求書の計上）は、入力漏れがあっても、現預金のように簡単にチェックができません。

ですからなるべくまとめて、入力頻度を少なくし、一度に入力したほうが間違いがあった場合も見つけやすいので、安全かつ効率的です。

スピードアップ！

いつも資料をどのように処理していますか？

図24　資料は「過去」と「未来」に分けて、処理のスタイルも分ける

「過去の資料」は随時処理する

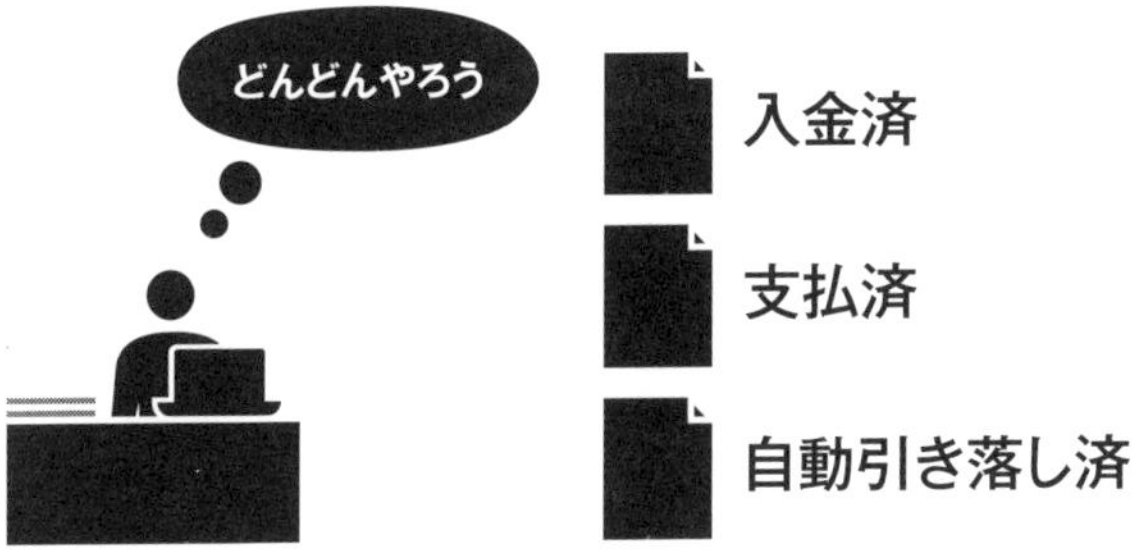

「未来の資料」は
ある程度まとめてから処理する

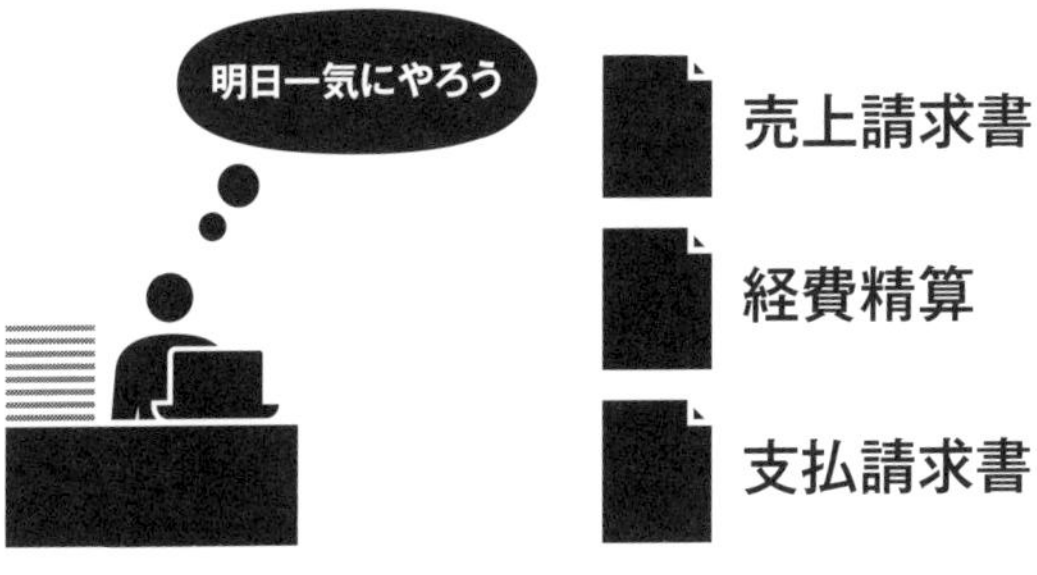

32

経理が自動化できない2つの理由とは？

これからの経理に求められること

業務の効率化をしようと、社員の人たちにヒアリングをしたときに、自動化できるものをなかなかしたがらない人がいます。その理由は、主に次の2点です。

●自分の仕事が機械に取られてしまうのではないか
●新しいやり方に自分が対応できるだろうか

こんなときは、「新しいやり方を、私も一緒にやりますから」「この仕事は自動化しても引き続き○○さんにお願いしますので」と事前に伝えて警戒心、猜疑心を解いてから効率的なやり方を体験してもらいます。

私はすべて自動化すればいいとは思ってはいません。

自動化できるものだけをやればいいのです。

よく経理は「自動化できる」と言われたり、「10年後になくなる仕事」として挙げられたりしますが、私は懐疑的です。コンピュータが登場してこれほど時間が経っているのですから、もしそれが本当なら、もう現時点ですでに完全自動化ができているはずです。

正確には「経理のうち、○○の作業に関しては自動化できる」ということなのですが、そのように主張する人は、インパクトを持たせたいので「経理は自動化できる」と省略しているのでしょう。

具体的になぜ懐疑的かというと、2つの理由があります。

経理が自動化できない理由①「例外処理」

1つは**「例外処理」が各会社にある**からです。

「Aだけは契約書があるので、請求書を発行しない、あるいは発行されない」という例外が1つあるだけで、「請求書がある」前提の自動化処理では対応できません。

そうした「例外もの」が売上、支払、経費など、各会社に数十個とあるわけです。

それが1年経過すれば、また数十個と入れ替わったり追加されたりします。となると、結局その部分は誰かがチェックして、対応をしなければいけません。その現状がすっぽり抜けて、「経理の自動化」という標語だけが先行していることに違和感があります。

経理が自動化できない理由②「不正への対応」

もう1つは、**「不正」への対応が確実におろそかになる**からです。

経費精算を例に挙げます。完全自動化したら、私用の飲み会の領収書が紛れ込んでも、間違いなくそのまま計上されます。

つまり、たとえ領収書なり請求書なり、自動入力できる時代になっても、「その領収書や請求書そのもの」が本当に正しいのか。あるいは、私用・水増しされたものかどうかは、人間でしか判断できません。

人工知能でも「疑いがある」というところまではわかるでしょうが、そこから先は人間が最終確認をしなければならないのです。

「別にそれくらい……」という会社は、「悪い」伝票が完全にスルーされ、「合法的に」会計ソフトに取り込まれ、どんどん資金が会社から漏れ出ていくでしょう。

図25　経理作業はすべて自動化できる?

経理は単純作業だから、
全部自動化できるでしょ?

経理作業の中で自動化できないもの

・請求書、領収書などが
「本物」かどうかの精査

・イレギュラーな伝票処理

・ざっくり取り込まれた
データの精査

チェック、確認に力を入れる

自動化が進むということは、裏を返せば、人間の「勘」が行き届かなくなる。つまり偽装が発見しにくくなるのです。

これからの経理は、「チェック作業、検閲業務」に時間を割くべきでしょう。

表計算ソフトやソフトウェアで対応できる作業は、積極的に手作業から自動化に移行させ、その分チェック作業などに時間を割くのです。

自動化したがらない人に対しても、「効率化で浮いた時間を半分は業務の整理に、半分はチェック作業に充て、その申請資料自体が本物なのかどうかを見定めてください」と伝えましょう。

スピードアップ!

「仕事を取られる」と思っている社員はいませんか?

Column

経理社員は替えがきかない?

人を切るということは、木を伐採するのと一緒です。一度切られたものは、再び育つのにまた何年かかるかわかりません。

事務職に関しても、安易にカットすることは会社経営にとっては危険な行為です。士業の方の中には「事務社員をカットして、うちに外注してください」と言う人もいましたが、今や反対に、士業の方が一般企業の事務社員として鞍替えしているのです。結局、経理は事務作業だけをしているわけではなく、現場への指導や相談、経営陣のフォローも業務として行っているので、優秀な事務職ほど、単純に替えがきくという話ではないのです。

経費節減という誘惑に乗ってしまい、事務社員をリストラして外注することで、社内が余計に混乱し、結局新しい事務員を高く雇うことになった、ということもあります。

もし、経理部が傍目から見て物足りないなら、ただ計算するだけの部署ではなく、経営分析や進行管理ができる部署として育て直しましょう。

その教育方法として最適なのは、「スピードアップ」です。これまで述べたような能力が、一度に自然に備わっていく教育プログラムとして最適だと思うのです。

33

シングルチェックよりダブルチェック

1人で抱え込みすぎない

経理作業に限らず、社長の経営判断にしても、シングルチェックよりダブルチェックのほうが速く決断でき、チェックも正確になります。

「経営者は孤独」と言いますが、自分で「これだ」というひらめきや決断が浮かんでも、本当にそれが正しいか、考えを巡らせてしまうことも多いでしょう。それがどんなときに考えがまとまるかというと、誰かに話したとき、つまり**「アウトプット」して、他人のダブルチェックを受けたとき**です。

もし信頼している人に「こう思っているのだけれど」と相談した結果、「あなたが正しい」と言われたら、自信を持って決断できるでしょう。対話をすることによって自分の考えが整理されたり、対話の中で新しい考えが浮かぶこともあるからです。

その対話相手にふさわしいのが、ＣＦＯ（最高財務責任者）であり経理部長なのです。なぜなら彼らは、社長とは対極の立場から話を聞き、分析し、質問に答えるからです。

「自分のミス」は見つけにくいもの

1人で資料作成をする際、重要な会議の資料であれば、作業後に最低2回は自分で数字のチェックをするでしょう。慎重な人はトリプルチェックまでするかもしれません。しかし、**自分の作った資料のミスを見つけることは難しいものです。**

もし、自分と他の社員（上司、部下、同僚）などで、ダブルチェック体制を互いにとっておけば、そうした間違いもすぐ見つかり、結果的に作業も速く終わり、「数字が合わない原因を見つけられずに遅延する」リスクは格段に減ります。

これで素早い経営判断ができれば、ダブルチェック分の社員1人の給与くらいは簡単にまかなえる会社になります。

スピードアップ!

なんでもかんでも、自分1人でやっていませんか？

34

1人でも大丈夫！バーチャルダブルチェック法

「他人の目」を借りてチェックしよう

経理業務はダブルチェック体制が理想ですが、「そうはいっても経理は1人しかいないし、税理士さんも月に1回しか訪問しないので、日常的なチェックはどうしたらいいか」という声もあるでしょう。

安心してください。1人でもダブルチェックする方法があります。

それは**「2回目のチェックは、完全に別人格になった状態で行う」**という方法です。

もし上司だったら、もし現場の営業マンだったら、もし経理だったら……。

自分の作成した資料、作業をどのようにチェックするか。どこに注意して確認するか。

第三者の立場で、その作業を想像してみるのです。そうすると、自分が普段やっている作業方法、チェック方法とは違うものが思い浮かぶはずです。バーチャルダブルチェックともいうべき、ダブルチェック体制を作り上げます。

具体的に「何を」チェックする？

経理資料だけではなく、会議用資料も、同じように試してみると面白いです。

経理は経理の立場として、特にＢＳ／ＰＬの数字に間違いがないかをまずチェックするでしょう。

一方で現場は、文字の誤植、「売上先上位の会社名が前株になっているけど、本当は後株だよ」とか、「担当者欄の自分の名前は『高井』ではなくて、『髙井』だ」などを細かく見ています。

社長は「ここの％、先月のままで更新されてないのでは？」と、前年対比、前月対比、利益率、原価率を最初にチェックしているかもしれません。

同じ資料を見ているのに、気にかけている部分はまったく違う。だけど、全員のチェックはそれぞれ「正解」なのです。

そのようなことに気づくだけでも、セルフチェックの幅は一気に広がります。

それを繰り返していけば、チェック方法が何通りも思い浮かぶようになり、他人の知恵も自分のものにしていくことができます。これも最速で確実な経理作業をするコツの1つです。

【資料チェックをするポイント】

- 社長の目……前年対比、前月対比、利益率、原価率、変動率など
- 営業の目……売上高、会社名、担当者名など
- 経理の目……資料の実績数値が会計ソフトの数値と一致しているか、前月、前年実績の更新漏れがないか
- 一般社員の目……資料全体の表記が正しく表示、更新されているか（文字や数字がつぶれて「###」になっていないか、資料の表紙の表記が最新に更新されているか）など

スピードアップ!

別の立場になって、作業してみませんか?

Column

経理に求められる「100点満点の仕事」とは?

社内で完結する仕事に関しては、仮に98点、99点の仕事でも、同僚や上司が間違いを指摘して100点に修正もできます。

しかし、これがオフィシャルな場所に提出されるものになると話が違ってきます。

取引先、銀行、投資家といった社外に公表する数字は、最初から100点満点でなければ認められません。

もし提出したものの中に1つでもミスがあると、他の資料にも同じようなことがあるのではないかと疑われます。「ありません」と口頭で答えても、信用してもらえません。

結局、「すべての計算根拠の資料も一緒に出してください」と言われ、何倍もの資料を追加で作成しなければならなくなります。すると仕事が増え、肉体的にも精神的にも疲れてしまい、仕事の生産性もさらに落ちるという悪いスパイラルに陥ってしまいます。

いくら優秀な人でも、間違いはあります。

だからこそ、社内のダブルチェック体制や、ダブルチェックできるレベルの人の有無、仕事の下準備が重要になってくるのです。

35

マニュアル作りは、スピードだけではなく「教育」にも効く！

そもそも、なぜマニュアルがないのか？

業務が滞っている人、遅い人をヒアリングすると、多くの人に仕事のマニュアルが整備されていません。

作業マニュアルさえあれば、大幅に生産性が上がるのに、作業マニュアルがない会社が多い。なぜでしょうか。

それは「経理の仕事」が、「マニュアル化すべき必要がある仕事」と「マニュアル化しなくてもいい仕事」の間くらいにあるからです。

複雑な工作機械の操作や、リスクを伴う作業であれば、なんらかのマニュアル化は必須でしょう。

しかし経理の仕事は、決算業務はやや特殊ですが、日々の仕事はそこまで複雑でもないので、見よう見マネでできますし、上司や先輩からの口伝で基本業務は覚えられます。いったん覚えてしまった日々の業務を改めてマニュアル化するのは手間ですし、面倒なので、マニュアル化が進みません。

しかし、経理の作業は、同じ作業の繰り返しのように見えますが、例外案件がどの会社でも発生します。**例外案件があるからこそ、人間のフォローが必要**なのです。

そしてその例外も千差万別です。毎月発生する場合もあれば、二度と起こらないものもあります。これらを踏まえてマニュアル化する必要があります。

マニュアル作りのコツ

経理のマニュアルは、次の2種類が必要です。

A……誰でもわかるような基本的な操作方法、作業方法
B……Aの予備資料として例外案件事例を日々追加したもの

まず業務内容をマニュアル化します。それもうまい文章でなく、箇条書きで大丈夫です。

1．パソコンのデスクトップの「○○」と書いてあるソフトをダブルクリックして開く
2．「仕訳入力」と書いてあるボタンを押す

パソコンに不慣れな人をイメージして、「細かい作業を1つも省略しない」ことがコツです。また、「人間だから間違えるかもしれない」ことを前提にしておくと、完成度はより高まります。

具体的には、**「言い間違えるかもしれない」「聞き間違えるかもしれない」「見間違えるかもしれない」「読み間違えるかもしれない」「書き間違えるかもしれない」「打ち間違えるかもしれない」**ということを頭に入れておきましょう。

マニュアルを作ると、仕事が速くなる理由

仕事の速い人が作るマニュアルは、仕事の本質を理解したうえで書かれたものなので、読みやすくてわかりやすいのです。なぜなら、すべての業務の意味を理解していないと、明確に文章化できないからです。

一方、仕事の遅い人は、その反対で読みにくくわかりにくい。

図26　マニュアルを「2つ」に分ける

本編マニュアル	補足マニュアル
売上計上方法（本編）	売上計上方法（補足・例外対応）
・パソコンのデスクトップにある「○○」というソフトをダブルクリックする	・もし○○の場合は……
・○○○○○○○○○○○○○○○○○○○○○○○○	・Ａ社の場合は……
・○○○○○○○○○○○○○○○○○○○○○○○○○	・○○○○○○○○○○○○○○○○○○○○○○○

ポイント

「そのままやればその通りできる」かをチェック

本編と補足を分けることで
管理・更新しやすい

つまりマニュアル化の練習を重ねれば、誰でも仕事の本質を理解できるようになります。結果、それが仕事のスピードアップにつながるわけです。

マニュアルの「ここ」をチェック！

もし、真面目に仕事をしているのに作業が遅い社員がいて、その原因がよくわからないときは、本人に自分の業務マニュアルを作ってもらいましょう。**マニュアル内容が不明瞭な部分を見つけて指導すれば、改善できます。**

このような社員は、仕事の理解不足を自覚していても、恥ずかしくて自ら相談できないことが多いものです。直接的に「仕事が遅い」と言うよりも、このように相手が傷つかない間接的な方法で指導をしていくのも一案です。

スピードアップ！

経理マニュアルはありますか？

Column

マニュアルは、上司と部下の潤滑油

「管理部」「総務経理部」のような総務と経理が一緒になっている組織体系の場合、経理出身でない人が管理職となり、経理社員の管理をするケースがあります。

そのようなとき、管理職が経理社員に、「なぜ業務にそれほど時間がかかるのか」と聞いても、彼らは「どうせこの人に経理の専門的な理由を説明しても意味がわからないだろう」「上司に経理の知識がないから詳細な相談をしてもムダだろう」と思い、「いろいろとやることがありまして」という抽象的な返答をしがちです。

上司の立場からすれば「本当にいろいろな仕事があるのか？」「ただのんびり仕事をしているだけだろう」「自分の指示が聞けないのか？」と疑心暗鬼になり、さらに強い口調や態度で部下に接してしまい、関係性が悪化してしまう場合があります。

しかしマニュアルがあれば、経理知識のない上司でも、自分でマニュアルを見て経理の業務知識や業務フローが理解できます。そのうえで業務フロー上の改善点などを経理社員に提案・指示をすれば、経理社員も「経理業務の相談にのることができる上司」というスタンスで接するようになります。結果、業務改善が行われ、スピードアップにもつながります。マニュアルは上司と部下の潤滑油なのです。

第5章
スピード経理を「定着させる」8つのコツ

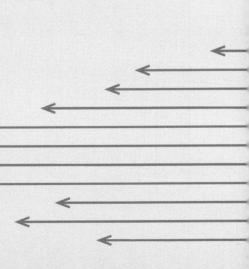

36

会社の「スピード感」は社長でなく〝経理〟で決まる

トップスピードを維持するために

社長が方針を発表し、現場が動き、その結果が「数字・利益」です。

そのとりまとめをするのが「経理」であり、そこでスムーズに処理できれば、「スピード感」を維持したまま、社長に数字を渡せます。逆に処理でもたつくと、トップスピードだったものが一気に減速してしまいます。

ここまで経理のスピードアップの方法論を紹介してきましたが、ここからは、それを会社に定着させ、より速いサイクルで回す方法をお伝えしていきます。

スピードアップ!

先月の数字はもう出ましたか?

図27　経理のスピードが会社のスピード感を決める

第1走者　営業

営業活動の結果（数字）を
経理に渡す

第2走者　経理

数字の集計、分析を行い、
社長に報告する

第3走者　社長

数字をもとに、
今後の方針を決定する

営業や社長よりも
経理の「スピード」は差がつきやすい!

37

「会社の減速」を食い止める2つのアプローチ

経営の悩みポイントをおさえておく

社長の決断力を高め、経営判断のサポートをするのが経理の役割です。

社長の決断が遅くなるのは、「数字に関して頼りになる人がいない」か、「本当はいるのに、いないと思い込んでいる」からです。

「社長には申し訳ありませんが、私はこの分野は社長よりわかっていますし、自信があります」と言う人がいたら、社長もその人の意見に耳を傾けるはずです。

経営判断での最大の悩みごとは「お金」に関するものです。

経理は日々のルーティンワークだけではなく、経営判断を「数字面」でサポートする自覚を持つべきです。

そして社長も、そのような経理部長を育てるべきなのです。経理の成長は、成長を望む会社には必須です。

経営者が悩むポイントは、老舗企業とベンチャー企業でそれぞれ違います。このポイントをあらかじめおさえておきましょう。経営者はもちろん、サポートする経理にとっても必要な情報です。

老舗企業の悩みポイント

老舗企業が悩むポイントは、**新規事業をやるか否か、既存の事業を撤退するか否かの決断**でしょう。

どちらも金銭的な部分もさることながら、社内の組織配置、従業員の問題、特に感情的な部分（反発、不安など）をどのようにコントロールするかが悩みの種です。

その場合、特に感情的な部分が経営判断のネックになるときは、客観性のある数字が効果的です。

過去の実績の推移、同業他社の数字、シェア率など、このまま何もしないでいくと会社はどうなるかを客観的に役員や従業員に説明します。そうすれば、社長も自信を持って社内を説得し、安心して新たな決断ができるはずです。それらの指標作りを経理は、積極的に社長の参謀としてサポートすべきです。

【老舗企業社長の悩みポイント】

●もし新しいチャレンジに失敗したら、どれだけの損失になるか→もしチャレンジせずにこのままにしていたら、どれだけ利益が逓減していくかを提示

●もし新しいチャレンジが失敗し、社員から反発されたら→もしチャレンジしなければ、従業員を雇い続ける体力がないという予測値を提示

ベンチャー企業の悩みポイント

一方ベンチャー企業では、新規事業、あるいは事業の撤退は日常茶飯事ですから、経営者も従業員もそのような環境に慣れています。

むしろ方向性は決まっているけど、**資金繰りなど、現実的なお金のやりくりが先行き不透明で慎重になり、二の足を踏む**ケースが多いのです。

また、銀行や投資家といった資金提供者に事業計画をうまく説明して理解してもらえるかなどといった不安や悩みも多いはずです。

その場合は**「会社のBSが把握しやすいような資料を作る」「銀行や投資家にプレゼンする際のポイントを整理する」**などが効果的です。外部に説明できるメドがつけば、決断・実行しやすくなります。

【ベンチャー企業社長の悩みポイント】

●万一急に借入、投資計画が中止になった場合に大丈夫だろうか、これ以上チャレンジしても大丈夫だろうか→現状どれだけお金が出ているかの資料、もし借入などが中止になるなどの最悪の状況の資金繰り表を提示し、その場合でもいつまで大丈夫かを予測

スピード アップ!

1人で悩んで、会社の動きを止めていませんか？

38

計数感覚を鍛えれば、チェックスピードも上がる

日常生活で計数感覚を鍛えておこう

「頼りになる経理」とは、「経理の○○さんは、なんでも知っているから、聞いたらすぐわかる」に尽きます。

この「なんでも」とは、「お金が関係してくるものはなんでも」の意味です。

「頼りになる経理」の特徴に、計数感覚が高いことが挙げられます。

会社の売上・原価・経費を見たときに、**「これはもう少し世間の相場からいったら売上単価を上げてもいいのでは？」「この交際費、相場より高すぎるけど、正しい領収書かな」**などとすぐ気づけます。

直接自分に関係ない仕事でも、数字に関する資料を読み込んだり、過去の会社の数字を勉強したり、駅前のオフィスビルの家賃相場と自分の会社の賃貸料を比較したりと、社内

の数字から日常生活に至るまで、常に数字を比較検討している人は計数感覚にすぐれています。

値段当てを習慣にしよう

計数感覚を磨くのにいいのは「値段当て」です。ショッピングで値札を見る前に自分で、「○○円！」と心の中で予想してから見ましょう。居酒屋やスーパーに行ったら、合計金額を予想するのです。これだけで、本当に計数感覚は高まります。

実際に何人かの友人に試してもらいました。買物後になんとなく高いと思ってレシートを見たら、店のレジの値段設定が間違っていて、返金してもらったケースもあります。その友人は「宵越《よいご》しの金は持たない」という性格で今も変わらないのですが、そんな人でも、「何か違う、おかしい」という計数感覚は養われるのです。日常生活の中に「数字」を見出せる感覚、能力の差が、会社に利益を残す「気づき」の差として表れてきます。

スピードアップ！

数字の感覚に自信はありますか？

39

"普通の経理"と"できる経理"はここが違う！

経理に必要な4つのこと

経理で一番処理スピードの差が出るのは、イレギュラー対応です。

期日までに仕事が終わっていない経理社員に理由を聞くと、「現場の担当者が会社に戻ってこなくて確認がとれない」「今日の夕方に大量に申請書があがってきてしまい、終えられなかった」など、「通常ならできているのに」という考えが伝わってきます。

気持ちはよくわかりますが、いつまでもそれでは、「経理は集計、チェック作業をしているだけの部署」のまま。

経理に必要なのは**「安定」「安心」「信頼」**、そして**「スピード」**です。

では何をもって、その能力を証明できるかといえば、「毎月必ず、この日（数字を確定する日）に、月次資料などを遅滞なく確実に出し続ける」ということなのです。

つまり、先々月70点、先月150点、今月80点というような資料の内容、出し方ではなく、先々月100点、先月100点、そして今月も100点。このように「ムラがない」ことが大切なのです。

差がつくのは繁忙期

なぜなら現場では毎月必ずムラが出ます。売上に季節変動のある会社であれば、現場はトップシーズンが多忙で、反対に閑散期は余裕があります。当然請求書や契約書、経費の申請書など、物理的な処理量もそれに応じて増減します。

「繁忙期のほうが、現場も経理処理も大変になるから月次決算は遅れがちになる」というイメージが経営者にあるわけです。そこをいい意味で裏切るのがポイントなのです。

現場の状況そのままに、**通常より3日遅れで繁忙期の月次決算が締まったのでは「普通の経理」**です。

毎回翌月8営業日が月次決算の締日であれば、必ずその日の夕方に「締まりました」と遅滞なく締め続けることで、社長も「あれ？ うちの経理、よく考えたら優秀だ」となるわけです。

とはいえ、何年も期日を守り続けることがどれくらい大変なことか、経理の経験があれば当然わかるはずです。そのためには、できる経理社員は、普段から自分で「最悪の状況」をあえて作って練習しているのです。

具体的なトレーニング方法

もし、普段5時間かけてやる作業に2時間しか時間がとれなかったら……。

もし、経費精算の締日の夕方に突然大量の領収書が届いたら……。

このように状況設定すると、現状のままで「もっとがんばる」程度の工夫や努力では解決できません。

「今までと違うやり方はないか」
「前もって現場の部署に直接状況を聞きにいくことで事前に対応できるのでは」
「自分でしかやれないことは何か」
「数字のつき合わせなど、人に振れるものは何かないか」

このように考える習慣が生まれます。あるいは、同僚に手伝ってもらわなければいけない状況もありうると想像すれば、同僚のスケジュールなども考えなければいけません。そうすると、スピード化、効率化のアイデアやヒントも自然に浮かんでくるのです。

ずっと座ったままで、経理の業務改善、スピード化、効率化のアイデアは浮かびません。浮かんでもせいぜい「もっと集中してがんばります」くらいでしょう。

アイデアが出てくる人は、仮想でも現実でも、とにかく自分が動いて、環境を変えたり、違う目線を意図的に作ったりして、そこから仕事を眺め、「ここはまだ改善できる」と気づいて改善していくのです。ここが、普通の経理とできる経理の差なのです。

私は会社員時代も、独立してから業務改善に入った会社でも、この点を業務上の一番大切なポイントとして守ってきました。

これだけで経営者が経理を見る目は格段に変わるのです。何より会社の業務フローが安定します。一定の同じタイミング、リズムで経営者が経営判断をできるようになります。

なぜ、安定した経理が数字を呼び込むか、社長も自覚していないことが多いのですが、私はこの点が大きなポイントだと確信しています。


スピードアップ!

繁忙期、月次決算が遅れていませんか?

40

現場社員に数字の大切さを実感させる方法

最低限の数字の知識は必要

近年経営者や経理社員から相談を受けることの1つに、「現場社員に計数管理をもっと促したい」があります。現場からは、

「どうして現場が計数的な数字を理解する必要があるのか」

「なぜ、現場が細かく販売管理のソフトにデータ入力をしなければいけないのか」

と言われてしまうそうです。

会計ソフトが進化するのは経理にとってはありがたいのですが、反面、現場での事務処理負担は大きくなっています。

ひと昔前は「今忙しいから経理で代わりにやっておいてくれない?」と営業に言われ、「しょうがないなあ」と経理で請求書が作れました。

「経理だけ楽してずるい」と言われたら?

しかし、システム化された現在では、内部統制の観点から、現場担当者が本人IDでコンピュータにログインし、日付や取引先、内容、金額すべてを正確に申請しないといけません。

そのデータをチェックして、合っていれば会計データに流し込んで終わりですから、現場からは「自分たちの仕事ばかり増えて、経理は楽をしている」という見方をされるかもしれません。

もし、そのような現場の匂いを感じたときは、**「将来、出世して管理職になったり、起業したりするときには、これくらいの知識は最低限必要」**と伝えています。

これはその場しのぎではなく、実際にそうだからです。

私のもとには、会社員の友人からは「独立したほうがいいか」、あるいはすでにフリーランスで活動している友人からは「取引先の金額は適正かどうか」など、お金に関するいろいろな相談がきます。

ただ、会社員でこれから起業を考えている人の相談を聞くと、独立した場合のいい点しか考えていないことがよくわかります。

「お金をかけたくないから、事務はできれば当面は自分でやりたい」と言いつつ、では事務に関して何か知識があるのかと聞くと、何ひとつ知らない人がほとんどなのです。
起業には「勢い」が必要ですが、反面、しっかりした知識がないと、生き残れません。「やる前でも調べればわかること」を知らずに始めるのは無謀です。

事務作業の意外な価値

会社員時代に少しでも事務作業をかじっていれば、「内心簡単だと思っていたけど意外と面倒くさい。独立したら事務は誰かに手伝ってもらおう」と前もって想定できます。
しかし何も事務を知らない人は「事務なんて楽な仕事だから、自分が独立しても片手間でできる」と勘違いしてしまう。その差が独立してから大きく表れるのです。

スピードアップ!

現場の社員は事務処理に協力的ですか?

Column

独立のときこそ、経理の知識が活きる

フリーランスが一番困るのは「いくらで受注するか」を決めるときです。よく話を聞くのは、「依頼主が金額提示をせずに、まず仕事ができるかどうかを聞いてくる」ケース。そのため、自分からその場で金額について切り出しにくく、後になってタダ同然の金額しか出せないと言われるそうです。

そうした場合は、「ご依頼書兼お見積書」のフォーマットを自分で作成し、先方に内容を記入してもらいましょう。その内容次第で、引き受けるかどうかを客観的に決めることができます。

また、独立しても1社専属契約で仕事をする人もいれば、数社で掛け持ちしている人もいます。1社専属であれば、「まとまった金額がもらえて安定する」メリットはあります。その反面、相手からの無理な要求にも応えざるを得ないというデメリットもあります。契約を打ち切られたら収入源がなくなってしまうからです。

一方、数社を掛け持ちしている場合は、リスクを分散できるので、無理な要求があっても断りやすいです。反面、1社当たりの利益は、専属で仕事を受けている人から比べると小粒になります。

どちらが自分にとって向いている働き方なのかを見極めることも、独立したら求められます。こうした分析、検討においても経理の考え方や知識は活きるのです。

41

社内の「連携」を深めるたった1つのコツ

目指すは風通しのよい職場

インターネット、特にSNSの普及により、これまで以上に互いの情報を正しくシェアすることが、組織内コミュニケーションに求められます。

「私だけ聞いていない」「僕に言っていることだけ違う」など、単に行き違いや勘違いであっても、それだけで疎外感やトラブルを招きやすい時代。ましてや経営陣だけに情報共有され、社員には情報を隠されているとなると「あの人たちは信用できない」となってしまいます。

ある依頼主との事前打ち合わせで、会社の環境を伺い、それをベースに人や作業の手配をしました。しかし始まってすぐに、その環境が大きく変わったのです。でも、それは突発的に起こったことではなく、「打ち合わせ時にはすでにわかっていた」ということを後から知りました。

そうすると私としては、なぜそのときにこの人は正直に言ってくれなかったのか、それを知っていたら、もっと効果的な対処法が提供できたのにという気持ちになりました。最新情報が多ければ多いほど、課題は解決しやすいからです。

そのような誤解が当事者間で生まれると、仕事の流れも減速したり、止まったりしてしまいます。つまりそれは会社数字にも直結してきます。

情報はどんどんシェアする！

会社の内と外を問わず、「連携」がスムーズであればあるほど、売上や利益は伸びます。取引先同士や他部署同士でも、極力駆け引きは最低限にし、情報をシェアするほうが、今の時代は結果が出ます。仕事のやり方やコミュニケーション法も、社内政治ばかりに目を向けるのではなく、世の中の流れも参考にして考えなければいけない時代です。


スピードアップ！

後ろめたい秘密はありませんか？

42

「節約」を愛し、「ケチ」を排除する

2つの違い、わかりますか？

数字を扱う仕事をしている中で、「ケチ」と「節約」とは何が違うのかをよく考えます。節約は、自分1人のときにも、2人以上のときにも成立しますが、ケチは、2人以上になって初めて登場するものです。

「十分にお金があるのに、ボロボロになった部屋着を買い替えない」のは、自分1人の世界観では、「確かにボロボロだけど、着心地がいいから買い替えるなんてもったいない」と「節約」しているはずです。

ところがその姿を家族が見たり、友達に話したりした途端、相手から「そんなにケチケチしないで買えばいいじゃない」と言われるわけです。それは周囲の人が、自分までもケチケチしたみじめな気持ちになるから、小言を言いたくなるのでしょう。

お金がないのに浪費してしまう人より、ケチのほうがまだいいでしょう。ただ、仕事についてのお金の使い方はどうでしょうか。会社のほとんどは複数の人間同士の集まりですから、その人自身は**自分で「節約」だと思っても、周囲にしたら「ケチな人だなあ」と思われる**可能性があります。

古いパソコンがあったら、どうしますか？

多くの会社は1分でも社員が遅刻をすると大騒ぎなのに、起動に5分以上もかかる古いパソコンを買い替えてほしいとお願いしても、「そのうちね」とまったく取り合ってくれないこともあります。冷静に考えたら、そのパソコンを使い続ける限り、その社員は毎日5分遅刻しているのと同じ状態なのですが、そこには気づかない。つまり**「とにかくお金が出て行くから損だ」**という思い込みでさまざまな申請を却下すると、こうした矛盾を生じさせてしまうことがあります。

これは会社にとって明らかに損です。パソコンの買い替え申請を会社が却下したら、確かにお金の出費はありませんが、社員のモチベーションは下がります。長期的に見れば、社員がやる気を失えば会社の数字も下がりますから、損をするだけです。反対に、すぐ承認してパソコンを買い替えたら社員のモチベーションは上がります。

実際に**1日5分のロス、つまり1カ月にしたら100分以上のロスもなくなる**わけです。パソコンなら今の時代、5～6万円で使えるものが手に入るので、十分ペイします。

「そんなことくらいでモチベーションが下がるような人間は最初からダメだ」と言う社長がいますが、それは違います。「こんな些細なことにもお金をケチるのか」と、一般社員はモチベーションが下がるのです。

仕事に最低限必要な備品さえ満足に与えられなかったり、自腹で費用負担しなければならなかったら、自分自身がみじめな気持ちになります。

お金を多少かけても、社員のモチベーションが上がる、あるいは作業が効率化、スピードアップするのであれば、どんどんお金を使うべきです。そのために普段のお金を節約しているのです。「貯めたものを効果的に使えば、必ずお金として戻ってくる」ということをできる経理は知っているのです。


スピードアップ!

「お金がもったいない」が口癖になっていませんか？

図28 御社はどちらですか？

パソコンが古くて
起動に5分も
時間がかかります
わかりました。
買い替えましょう
まだ使えるでしょ？
我慢して
作業効率、生産性、
社員のモチベーション
アップ！
作業効率、生産性、
社員のモチベーション
ダウン……

43

早めの促しで、「期日」と「数字」を死守する

経理こそ、会社のタイムキーパー

経理は会社のタイムキーパーでもあります。

では具体的に、経理は何について社長や現場に声がけをしなければならないか。それは**「期日」**と**「数字」**です。

「期日」はテレビ局などのタイムキーパーをイメージすればいいでしょう。1時間の生放送の進行が3分ほど遅れていたとき、タイムキーパーが最後まで何もせずにいて、いきなり「あと5秒で終わりです」とサインを送ったらどうなるでしょう。司会者もゲストもスタッフも、茫然としたまま番組が尻切れトンボのまま終了してしまいます。タイムキーパーなら、要所で「30秒遅れています」「1分遅れています」と司会者にサインを出し、進行スピードを速くするか、内容を一部カットするなどして、時間内に番組を収めます。

これを会社に当てはめ、1時間番組を月次決算と考えてみましょう。経費精算の締切、請求書の締切など、経理には多くの期日があります。それを突然「あと1時間で締め切ります。残りは受けつけませんので」と社内アナウンスをしたらどうなるでしょう。社内は大混乱です。締切日の数日前、月末や月初に「○月の月次決算のスケジュールは以下の通りです」と全社メールで注意喚起をしたり、いつも遅れぎみの担当者にさりげなく声をかけたりする**「促し」が大切**なのです。

また、「数字」については、特に「予算実績管理」や「資金繰り」が重要。これは月次決算とは違い、ロングスパンの感覚が必要になってきます。

さしずめ1年中放送している時代劇といったところでしょうか。予算実績差異の管理であれば「売上があと3カ月でこれくらいの数字は達成しないと、年間予算の達成自体も厳しい」とか、資金繰りであれば「3カ月後はまだ大丈夫だが、半年後はこのままだとかなり厳しい」など、長期スケジュールを見据えて管理をし、現場に進言して「促し」をしていきます。経理が数歩前に出て先導することで、みんなの方向性も定まるのです。

スピードアップ!

早め早めの「促し」ができていますか?

第6章

「会社のスピード」を上げる行動習慣

44

「人」と「数字」のひもづけが会社のスピードを上げる

数字だけを機械的に処理しない

会社全体のスピードアップには、経理部に集まってくる数字が「ただの数字」ではなく、「意味づけされた数字」だと理解する必要があります。「意味づけされた数字」とは次のようなものです。

【売上明細】
9月30日　A社9月分コンサルティング料　100万円　当社担当：山田

この情報から、100万円は「売上」の100万円という意味がつけられていることがわかります。

そして、「9月」の「A社」の「コンサルティング料」で、「山田さん」が担当している案件の「1００万円」だということがわかります。

経理でチェックする項目は、前述した「　」で囲まれているところすべてです。会計上は「9月30日」「売上」「1００万円」さえ間違えなければ大丈夫です。

ただ、社内の分析資料であれば、その他の部分である「A社」「コンサルティング料」「山田さん」などが違う名称になっていたら正しい管理資料になりませんので、この部分もしっかり確認しなければなりません。

数字や情報に間違いがないかを迅速に確認する方法は、**情報を「　」で細切れに分類する習慣をつける**ことです。

「9月が8月になっていないか」「A社をB社に間違えていないか」「A社は山田さんが担当だから、それ以外の担当者の名前になっていないか」「もし鈴木さんになっていたら、単純に間違いなのか、それとも鈴木さんに担当自体が変わったのか」を判別して処理していきます。

全体をダラダラと確認するのではなく、「　」で区切り、その「　」の中で短い確認を繰り返すのです。リズムが出てくるのでテンポよく、より多くの資料を手早く処理、チェックすることができるようになります。

図29　どの社員のどの数字かをチェックする

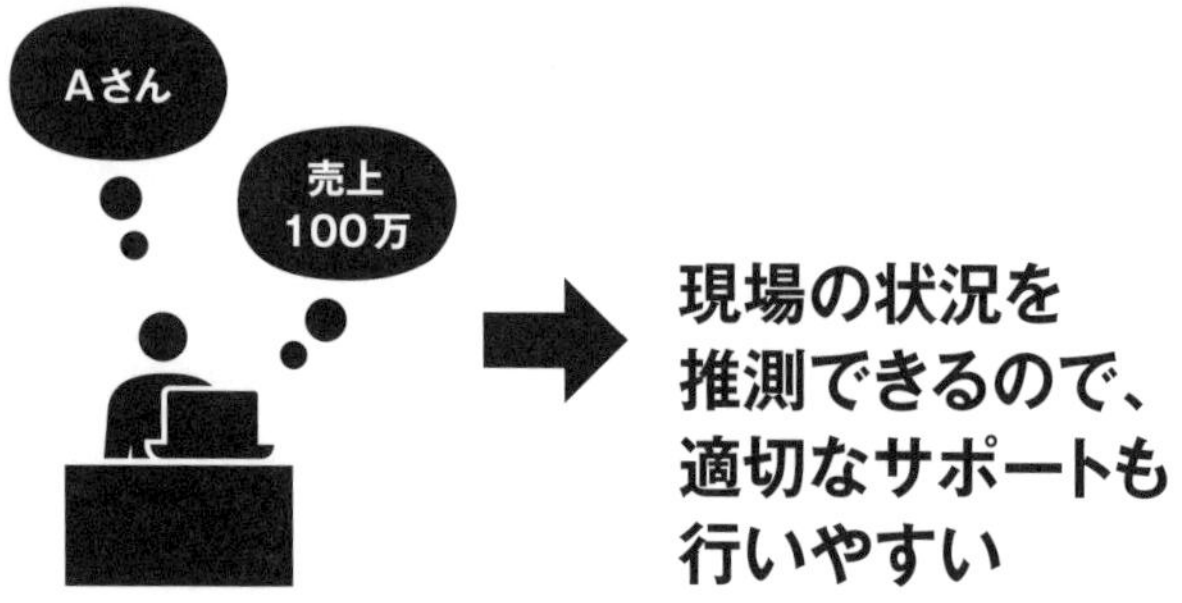
Aさん
売上
100万
現場の状況を推測できるので、適切なサポートも行いやすい

さらに意識すべきなのは、「誰から請求書が上がってきたのか」、つまり**「担当者が誰なのか」**という部分です。これは、やっている人とやっていない人とで分かれます。もちろん覚えていたほうが処理対応のスピードも上がります。

上がってきた数字が、「どの社員の、どの数字か」をまず認識してから数字のチェックを始めます。そのほうが、数字の記憶が頭に残りやすいからです。担当者欄を見て、よく申請内容を間違えそうな人であれば注意して見ます。また内容を見て、担当者の売上の数字が悪いようだったら、「最近調子はどうですか」と声をかけて悩みや愚痴を聞いてあげたりもできます。その会話の中で経理の立場から数字に関するアドバイスをしてもいいでしょう。

また、「人」に関することで気をつけるべきは「現場の社員が退職する際、後任の担当者に経理上の処理の引き継ぎを十分にしないまま辞めていく」ことです。

後任の社員が内容を理解しきれずに、数字の申請を怠ってしまったり、間違った数字を申請したりしてしまうことがあります。辞める当人も、「何かあったら経理がフォローしてくれるだろう」と軽く考えていることが多いのです。

業務内容に関しては、引き継がれる相手や、その上司も把握しているでしょう。しかし、それに伴う経理処理の引き継ぎに関しては、辞める当人以外はわからない部分もあるので見落としがちなのです。

こうした作業の引き継ぎモレを防ぐためにも、退職者の情報が入ったら、その人がどのような案件を抱えているか、あるいは特殊な申請処理の有無などをすぐ把握しましょう。

そして、現場のデスクや後任者、その上司に、確実に引き継いでほしい要点を経理からまとめてアナウンスし、一緒に立ち会う時間を作るのです。


スピードアップ!

「人」と「数字」のつながりを意識できていますか?

45

仕事が速い人は「これ」を暗記している

スピードアップに欠かせない

私の取引先の管理部門担当者で、リストを作るのがとにかく速い人がいます。その人の横で作業をしていると、ぶつぶつと独り言が聞こえてきました。画面をのぞいてみると、契約書を締結した取引先のリストを作成しているようでした。

数十社分ある契約書の8割方は取引先名と金額、その内容を暗記していて、思いつくものからどんどん入力していたのです。そして思い出せないものだけ、過去の資料や契約書ファイルを確認し、作業していました。最後は、日付順に実際のファイルとリストをつき合わせて、ソートをかけて完成させていました。

私も集中していると、独り言をぶつぶつ言いながら仕事をするときがあります。暗記したものをアウトプットして打ち込むときに、つい声が出てしまうのです。私も覚えられるものは覚えてしまうほうですが、同じようにやっている人がいることを知り、スピードアップには暗記が欠かせないと実感しました。

では、何を暗記すべき？

優先して暗記すべきは**「使用頻度が高いもの」**です。

経理でいえば、会計ソフトに登録されている勘定科目コードや取引先コード。1回1回、「会議費のコードは何番だったっけ、A社のコードは……」と検索しながらやっていっては時間がかかります。

旅費交通費などは使用頻度が高いので、人によっては覚えようと思わなくても、自然と頭に入っていて、手が勝手にコードを入力するくらいにはなるでしょう。覚えやすいものから覚えていけば、「他にももっと覚えられるかも」とモチベーションも高まるはずです。

勘定科目コードを暗記することのメリットは、ただ入力時間が短くなるだけではありません。日付や部門、金額、摘要項目など、他の入力項目に集中できるようになることです。

経理の仕訳入力で特に大切なのは、**日付**、**勘定科目**、**金額**です。

日付に関しては、固定で「〇年〇月からの日付しか入力できない」という設定ができるソフトもあるので、まだ間違いは起きにくいのです。
しかし、勘定科目と金額は、間違えればそのままデータ化されてしまいます。そのため、使用頻度の高い勘定科目だけでも暗記しておけば、金額にだけ集中できるのです。

書類関係で暗記すべきものは？

毎月の自動引き落しであれば、「10日に固定のリース料○○円、25日に△△銀行への借入返済○○円」と暗記していれば、引き落しと同時に仕訳を計上できます。

契約書であれば、「□□社の2016年4月からの1年契約、コンサルティング料○○円」と覚えておけば、2017年の年初ぐらいから、次年度の契約を更新するのか否かを担当者に確認できます。

毎月定額の請求も暗記しましょう。仮に請求書が現場で滞留していても、締めの直前でチェックすることで、遅滞なく回収することができます。

スピードアップ！

毎日入力している数字、データはありませんか？

図30　暗記することで、スピードアップにつながるもの

会計ソフト関係

勘定科目コード

部門コード

取引先コード

頻繁に入力するものなので、覚えておく。
結果、他の入力項目に集中できるようになり、
全体の正確さが増す。

書類関係

自動引き落し

引き落し日、金額、内容

契約書

契約先名、金額、期間、内容

請求書

金額（固定の場合）、高額の請求書の取引先

46

全員のスケジュールを1週間先まで把握しておく「ひと声」運動

先手先手で動く

仕事のスピードアップには、「今あるものをさらに速く」という発想が欠かせません。さらに**「いつも遅れがちの作業をピックアップし、その原因を減らす」のも有効**です。

「現場社員が不在で、急いでいるのに申請書や書類が回収できない」ことがあります。私は会社員時代、毎朝出社してパソコンを立ち上げたときに、メールチェックとともに、社長からアルバイトまで、全社員のスケジュールが入った予定表をチェックしていました。

そして月次決算の作業スケジュール近辺の日程で、出張や夏季休暇など、不在になる人たちを常時把握していました。

それをもとに経理の定例ミーティングで、経費精算の担当者には、「Aさんが来月2日から海外出張だから、必ず前日に経費精算を提出したかどうかを個別に確認しておいてください」と言い、売上集計の担当者には「Bさんが来週から1週間夏休みだから、休暇前にすべて申請するように伝えておいてください」と指示を出していました。出張準備や休暇で浮足立って、経理関連処理を忘れている人も中にはいるからです。

この「ひと言」が大きい！

内線でも対面でも「出張、気をつけて行ってきてください」「休暇楽しんでください」の言葉とともに**「事前に経理処理だけよろしくお願いします」**のひと言がかけられれば、滞りなく現場から申請書が上がり、仕事を速く進めることができます。

「うちの会社は、パソコンでスケジュール管理できるソフトは導入していない」ということもあるでしょう。

そのような場合は、こちらから全社メールをしたり、各部署の定例会議の冒頭だけ参加させてもらったりして、経理の月次スケジュールを伝えると効果的です。

スピードアップ！

遅れがちな人に声がけできていますか？

47

「困った担当者」はスピードアップの宝

「わからないこと」を教えてもらおう

人の働き方の特徴には、大別して2つのパターンがあります。

1つは、少しでも気になることがあると、自分が納得するまで時間をかけて確認し、理解できたら次の作業へ進む人。もう1つは、すべてわからなくても、目星がつけられるものがあったら、とりあえずどんどん先に進む人です。

会社には両方のパターンの人たちが混在していますから、それぞれが満足するような資料を準備し、対応できれば、経理のスピードも上がります。

経理のことに関して、細かく理屈が知りたいという現場の人は、みんなが遠慮して言わないこともズケズケと言ってくるものです。「苦手だな」と思う人も多いかもしれません。

しかし、それはそれでありがたいことなのです。

私は基本的に、**２人以上から同じ質問や指摘、あるいは「わかりにくい」という意見が出たら、その部分はマニュアルやルールなどを修正**します。

経理が現場向けのマニュアルを作ると、難しすぎたり、反対に、省略しすぎて本意が伝わらないものです。

会計ソフトは売上の項目に「得意先」、支払先の項目に「仕入先」と記載してありますが、現場の人にいきなり「得意先が」「仕入先が」と言っても現実にはわからないのです。

なぜなら**「得意先」という言葉は、人によっては売上先にも支払先にも使用している言葉**だからです。「ここでの得意先というのは、みなさんがいうところの売上を請求しなければいけないところを言います」と伝えないと、安心して入力作業はできません。同様に「仕入先」「締日」「支払サイト」「月次」など、経理部内で当たり前に使っている言葉でも、概念がわからない社員もいます。

新入社員にマニュアルを読んでもらって、わからない用語や概念があったら指摘してもらえば、誰にでもわかるマニュアルにブラッシュアップできます。

さらに経理社員も「現場の人は締めという概念があいまいだったから、期日までに申請書を出すことの重要性を理解できなかったのだ。自分たちに反発して出さなかったわけではないのだ」ということも理解できるのです。わからないことは、説明して理解してもらわない限り、解決や前進をすることができません。

現場の意見を活かす方法

経理に意見が言いたい現場の人がいたら、ゲストスピーカーとして、経理ミーティングに誘うことも手です。その人に、現場が理解しやすいマニュアルの例文などの作成を依頼してもいいでしょう。本気で意見がある人であれば手伝ってくれるはずですから、マニュアルやルールも、よりよいものになるでしょう。

ただ中には、**経理の不備を自分のアピール材料として声高に叫ぶ人もいます**ので、客観性を感じなければ、まずは参考意見として聞くに留めます。ただし、経理の立場からすると「困ったなあ」と思う意見でも、一意見として吟味する必要はあります。なぜなら、多くの人は常識を持ち合わせているので、経理処理の不便さを多少感じていても「経理の人たちも忙しくて大変だから、まあいいか」と思って、黙っていることも多いからです。

スピード アップ!

困った担当者の話を聞いていますか?

Column

「悪徳税理士」にご用心

以前訪問した会社で、事務員から相談を受けました。

顧問税理士に対して、「帳簿のある科目の残高が、自分が入社する前からおかしいのではないでしょうか」と、社長が同席しているときに繰り返し質問をしたそうです。

すると突然逆切れされ、「なら、おまえが全部やれよ！」と税理士から怒鳴りつけられたとのこと。それ以降、顧問料は払っているのに何も相談に乗ってくれなかったそうです。

私がその会社を訪問するまで、すべて１人で伝票入力し、処理したものをセルフチェックしていました。当然処理も遅くなりますし、数字が正確かどうかも怪しくなります。

私はその税理士にメールをして、一度お会いしたいと何度か交渉しました。しかし相手も察したらしく、「お互い忙しいでしょうから」と結局最後まで会ってくれませんでした。このようなときでも経営者の中には、「士業の先生は国家資格を持っているから」と、そちらの言葉を鵜呑みにしてしまう人もいます。その会社の社長も、私が「御社の税理士は少し普通ではありませんね」と伝えるまで、事務員のほうが悪く、税理士はよくやってくれていると思い込んでいました。

士業の先生だからといってむやみに信頼せず、社長の前だけでなく社員の前でも誠実な人柄かどうかを見てください。

48 スピードアップのヒントは「仕事が遅い人」にあり

速い人のマネをする前にすべきこと

もしあなたが、周囲と比べて仕事が遅いと思ったとき、あるいは「仕事が遅い」と言われたとき、速くするにはどうしたらよいでしょうか。

まず、速い人のマネをすることが思い浮かぶでしょう。

しかしそれよりも簡単で確実な方法があります。

それは**「自分より仕事の遅い人を探して、その人と反対の行動をとる」**ことです。

はじめは、その人がしていて自分がしていない習慣が目につくでしょう。

「自分だったら表計算ソフトで検算するのに、電卓をたたいて検算している」など、自分のほうがすぐれている点が目につくはずです。もちろん、ここで安心してはいけません。

本題はここからです。

「仕事が遅い人」との共通点を探す

次に、自分とその人が、同じように作業をしているポイントを見ていきます。「自分も同じような手順で作業しているから、特に問題ないのでは？」と思うところが改善ポイントです。そこが「仕事が遅い」と言われている部分である可能性が高い。

資料のデータをチェックする作業があるとします。1データごとに項目が10あり、データ総数は100件です。

そのとき、「1データずつ順番にチェックしていくか」、「データに関係なく、項目が同じものを100個ずつチェックしていくか」、どちらが速く、正確にチェックできるでしょうか。

後者のほうが、似た要素のデータを一度にまとめて作業できますし、間違いも見つけやすいのです。

このように、どちらを選ぶかで作業時間やチェックの精度に差が生まれます。

仕事が遅い人は、手間がかかるほう、非効率なほうを選んでいることが多いのです。

上司が「こういうやり方のほうが速いよ」と言っても、「いいえ、自分には自分のやり方がありますので」というケースもこの典型例です。

自分と仕事が遅い人との共通部分を確認し、メモをとったら、今度は仕事が速い人のやり方を観察します。そして彼らに「この作業をやるなら、どのような手順でやりますか」と聞いてみましょう。すると仕事の速い人は、仕事の遅い人が邪道と思っている方法をやっていたり、似ているけれど、その人なりにアレンジした方法を教えてくれるはずです。

仕事が速い人の多くは、他人も自分と同じように作業を速くやってくれれば、さらに自分も速く作業ができると考えています。「効率的なやり方を教えない」といういじわるな人はそうそういません。包み隠さず教えてくれるでしょう。

仕事が遅い人の特徴は？

仕事が遅い人の特徴は、

・自分のやり方に固執している
・自分の仕事について、他人に意見を聞くのがいけないことだと思っている
・アドバイスに対して意固地

つまり、頑固だということです。

多くの指導者が「素直さ」の重要性を説いているのが実によく理解できます。

でも、私も若い頃は正直、人に指導されたくないし、自分でベストな方法を見つけたいとも思っていました。もし、読者の中で当時の私のような方がいたら、このような形で自分自身で改善方法を探求してみてはいかがでしょうか。


スピードアップ!

自分のやり方に固執しすぎていませんか?

49

ただ「聞く」だけで、会社が速くなる理由

部下の最大のストレスは「話を聞いてくれない」

ある会社で業務のスピードアップのために、上司が部下に「毎週1時間、どんな仕事でもいいから作業を短くしていこう」と提案しました。

すると即座に部下は、「無理です。今でさえ一生懸命やっても終わらないから残業しているのに」と言い返します。当然上司は「いいからやりなさい」となります。その後、私がその部下の人と話すと、**「自分の言い分を上司は全然聞いてくれない」と、指示した内容とは全然違うところを問題にしていました。**

私が「今一番仕事で困っていることは何ですか」と聞くと、「現場の資料がなかなか集まらない」と言います。それから「現場の人も大変なんです、出張とかあるし、上司に申請してもすぐに見てくれない……」と10分ほど話をしてくれました。一段落したところで、

「今お話ししてくださったところがすべて課題ですし、そこを少しずつ改善すれば3カ月分くらいはネタが持つのではないですか」と言うと、「確かにそうですね」と顔が明るくなりました。

人は、何が課題かということはすでにわかっています。でも、自覚がないだけです。そこをピンポイントで突き、答えを導き出してあげましょう。人に問題点を指摘されるより、自分で問題点を発見したほうが、本人のモチベーションも上がります。

業務改善の仕事に携わるとよく言われるのが、「こんなに話を聞いてもらったのは久しぶりです」という言葉。実際にはそんなことはないと思うのですが、おそらく途中で口を「挟む」か「挟まない」かの違いではないでしょうか。いくら話を聞いてくれていても、途中で遮《さえぎ》って「いや、それは違うよ」と言い返されると、ストレスが溜まります。そして、その人とは会話をしなくなるのです。

間違った主張だと思っても、ジッと聞いてあげましょう。ただ話をジッと聞いているだけで、知らず知らずのうちに社員が自分で納得して自発的に動き出すかもしれません。

スピードアップ!

部下の話を聞いてあげていますか?

50

会社のスピードを上げるメンタルチェック法

小さな兆候をつかもう

会社組織にはいろいろな人が集います。もともと仕事を速くできる要領のよい人もいれば、そうでない人もいます。配属された仕事の得意不得意、好き嫌いもあります。

さまざまな要素が折り重なったものが、仕事の速さや出来に表れます。最終ゴールから逆算し、ペース配分を考えながら、全体を激励して押し上げられると、会社のスピードは落ちません。

人、あるいは部門間の速さを調整するコツとしては、**「健康」と「仕事」の両面からメンタルチェックを行う**ことです。

「健康」については「常時体調を悪そうにしている人」「早退、遅刻を頻繁に繰り返す人」に注意しましょう。仕事のペースも同じように乱れがちです。書類上のミス、モレもよくあります。そんな人には、まず書類の期日管理を徹底させてください。**仕事のリズムを作ることで、健康状態や勤怠も改善**します。

「仕事」については「仕事がうまくいっていない人」「ミスをして落ち込んでいる人」に注意してください。それを無視して「スピードを上げろ！」と言っても、ペースは上がりません。話をよく聞いてあげたうえで、書類の期日管理のようなルーティンワークから徹底させます。

反対に、仕事がうまくいっている人にも気を配りましょう。過信、あるいは調子に乗り過ぎて「暴走」しがちだからです。

「どうして周囲はこんなにノロノロしているんだ」といきり立ち、和を乱すこともあります。こんな人には「余裕がある分、遅い人を待ってあげたり、会社全体のペースが速くなるようサポートしてくれないか」と顔を立てて、協力してもらいましょう。

「TIME IS MONEY」であると同時に「HEALTH IS MONEY」でもあります。

スピードアップ！

社員みんながキビキビ働いていますか？

おわりに

今、あなたに試してほしいこと

ここまでお読みいただき、ありがとうございました。

しかし本題はここからです。

すぐにできそうなものから「とりあえずやってみる」。本を読むだけでは、スピード経理は実現できません。

では具体的に、どの項目からとりかかると効果が出るのでしょうか。それを見極める方法があります。

読了後、「こんなことでスピード化できるはずがない」「こんなことで黒字化できたら誰も苦労しない」と思ったところはありませんか?

その上位5つこそが、あなたのバイアス（偏見）がかかっているところであり、スピード化、黒字化を阻害しているポイントなのです。

バイアスがかかっている限り、どんなアドバイスも本人には響きません。

「自分のバイアスをとり除き、修正することができるのは自分自身だけ」なのです。

だから、「とりあえずやってみる」ことが非常に大切です。そのために本文の内容は、編集者の方が理屈よりも実行内容を優先して、極力シンプルに編集してくださいました。「理屈」はスピード化、黒字化してからゆっくり話し合えばいいのです。

まずは余分なものを「整理」し、それによってできた時間で「期日厳守」のルーティンを作ってください。

これを徹底するだけで、あなたも会社も必ず短期間で大きく変わります。

「スピード経理」が、みなさんや会社の好転のきっかけとなりますよう、お祈り申し上げます。

2017年1月

前田康二郎

［著者］
前田康二郎（まえだ・こうじろう）
流創株式会社代表取締役
1973年生まれ。学習院大学経済学部卒。
レコード会社など数社の民間企業で経理・総務業務を行い、大手PR会社では経理部長としてIPOを達成。その後中国へ赴任し、現地社員への管理業務の指導等を経て独立。
独立後は、黒字会社を中心に経理業務の受託を行っていたが、携わる会社がことごとく急成長を遂げる。その理由を観察・分析し、「黒字会社・黒字社員の習慣」をまとめる。そしてそのメソッドを、赤字で苦しむ製造業の会社で実践。経理部長代行として、毎月10営業日訪問し、経理を通した組織改善を進める。
結果、わずか1年で5000万円の営業赤字が5000万円の営業黒字に反転し、1億円の利益改善に成功。その後も2期連続で黒字を達成し会社を軌道に乗せ、金融機関の与信ランクも回復させた。
現在は「フリーランスの経理」として、製造業やサービス業など幅広い業種を対象に、3〜7社の業務を常時並行して行っている。黒字会社のさらなる黒字化のアドバイスに加え、赤字体質の会社への社員指導、利益を生む組織改善の提案にも定評がある。
著書に『スーパー経理部長が実践する50の習慣』『職場がヤバい！不正に走る普通の人たち』（以上、日本経済新聞出版社）、『1％の人は実践しているムダな仕事をなくす数字をよむ技術』（クロスメディア・パブリッシング）などがある。

スピード経理で会社が儲かる
――たった１年で利益が１億円アップする生産性革命

2017年１月19日　第１刷発行

著　者――前田康二郎
発行所――ダイヤモンド社
〒150-8409　東京都渋谷区神宮前6-12-17
http://www.diamond.co.jp/
電話／03･5778･7236（編集）　03･5778･7240（販売）
装丁･本文デザイン――吉村朋子
DTP――吉村朋子、佐藤麻美
製作進行――ダイヤモンド・グラフィック社
印刷――勇進印刷（本文）・共栄メディア（カバー）
製本――加藤製本
編集担当――中村明博

ISBN 978-4-478-10086-8